Breaking News!

With the final book in the trilogy now complete, exciting times are ahead with plans for a stage adaptation, taking Bobby's adventures to theatre audiences all over Scotland. Kate is already in discussion with director Catriona Cumming who has successfully produced musicals such as Sister Act and Elf at The Kings Theatre in Glasgow. Catriona has also undertaken theatre in education projects, corporate work and scripted adaptations for Historic Scotland. Kate is very excited at the prospect of working with Catriona, a very creative, talented lady. Watch this space!

To Mac and Rena

Bobby 'Chicken Legs' Muldoon

Fame and Fortune in The Gorbals

❋

Kate Donne

Best Wishes
Kate Donne .

Book 3: The Bobby Muldoon Trilogy

Published in 2018
with the help of Lumphanan Press
9 Anderson Terrace, Tarland,
Aberdeenshire, AB34 4YH

www.lumphananpress.co.uk

Printed & bound by ImprintDigital.com, UK

ISBN: 978-1-9999039-8-5

For my husband, Steve.
The love of my life.

Acknowledgements

I would like to thank the following people for staying with me and supporting me as I worked on the 'Bobby Muldoon' trilogy. It's been an amazing two year journey and I couldn't have done it without you!

My husband Steve and all my family and friends (in Scotland and in Wales). Thank you for your love and support.

My Novel Pool writer mates. Thank you for your valuable feedback sessions.

Max Iantone at The Write Angle, for your support and all the invitations to your spoken word events.

My fantastic publisher, Duncan (Lumphanan Press, Aberdeen).

My lovely editor, Suzanne Ebel. We made it!

My artist Denis Totten for your beautifully created characters.

Eddie and Brenda Graham and all my friends on The Only Way is Gorbals facebook page Thank you for your amazing support.

Kevin Robertson (Match Secretary, Neilston Juniors FC) and Peter Ferguson (Rutherglen Glencairn committee member and website / social media editor). You have been my football 'coaches'. A million thanks for your help!

Special Thanks

I would like to thank Danny Gill (author) for his incredible help and support over the last two years. Danny was a brickie for many years and he has kindly agreed to be mentioned in this final book as Bobby's mentor, Foreman Danny, or Have Trowel Will Travel. Danny has written several Gorbals based books, all available through Amazon.

I would also like to thank the Director of Glencairn Juniors FC for giving his permission to include them in this book.

And a huge thanks to all my readers who have bought the trilogy and given me amazing feedback and support.

Contents

1 | Ructions at the Reilly's

Ma name is Robert James Muldoon but maist people call me *Bobby*. Ah live in The Gorbals, ah'm four feet three an ah've gote bright red hair an legs like a chicken. As if that's no enough tae deal wi, ma life up till noo hus jist been wan disaster efter anither. They follow me aroond like a bad smell. Take last year. Ma maw discovered er faither wisnae er faither then gote depressed an wis pit in a loonie bin. Ma Granny Pat caused trouble fur years then she snuffed it. Ah loast ma joab an ah made a right mess o tryin tae huv sex wi ma girlfriend, Jeannie. Nae wunner ah've nae confidence!

Bad as it wis though, ah think ah dealt wi it aw really well. Ah helped Maw get ower er depression, ah did ma detective bit an found er real faither an ah'm still wi Jeannie, despite the sex thing. This year, ah'm determined tae sort ma life oot. Ah've even made a life plan wi Jeannie. Wur gonnae find joabs, get married, rent a hoose an huv three weans. Ok, that's no till 1972 but we like plannin stuff. It keeps us goin an gies us somethin tae look forward tae.

So... ah thought everythin wis goin tae plan... till Jeannie made er big announcement. We wur walkin hame fae the pictures when she came oot wi it. Ah felt as if a bomb hud explodit in ma heid.

'Bobby... ma da wants tae meet ye?'

'Eh?'

'Ma da... he wants tae meet ye. He says cos we've been goin oot fur a while he thinks it's time tae get tae know ye. Wid ye be awright wi that?'

'Did ye say *meet yer da*?... ye mean... actually come tae yer hoose... an *meet yer da*?'

'Aye... is that awright?

'Aye... ah suppose... aye... that's awright...'

Did ah jist say it's awright? Naw! It's no awright! Ah've heard that ees built like a brick shithoose. Ees a welder at the shipyard an they say ees gote haunds like shovels. Ah'm drippin wi sweat at the thought o it. Whit if he disnae like me? Whit if he disnae think ah'm guid enough fur Jeannie? Whit if he says we've tae stoap goin oot? That wid be the biggest disaster yet.

Ah look at Jeannie's face an ah kin see she's disappointit that ah'm no jumpin aboot wi excitement. Ah need tae calm doon.

'That'll be guid Jeannie... meetin yer da. Aye, that'll be guid.'

She's pleased. 'He wants ye tae come fur yer tea the morra night.'

Ah'm panickin but ah try no tae show it. 'That's fine Jeannie.'

Shit! Ah wisnae quick enough. Ah should've said ah hud belly pains an ah wid probably be in ma bed the morra but whit's the point? Ah wid jist be pittin it aff till anither day. Naw... ah've jist gote tae face it.

Ah see Jeannie back tae er hoose. When ah get hame ah fall intae ma bed but ah dinnae sleep a wink. Ah huv a terrible nightmare. In it, ah go tae Jeannie's hoose, but er da disnae let me in. Ah'm bangin oan the door an screamin at the tap o ma lungs. Then Jeannie comes oot an tells me she's finished wi me an ah should *piss aff*. The worst bit is… she's laughin er heid aff. Ah wake up greetin like a wee wean an ah cannae get back tae sleep.

The nixt mornin ah'm like a hauf-shut knife. Ma heid's still buzzin an ah've gote big bags under ma eyes. No a guid start tae a really big day. Ah need tae pull masell thegither so ah make a decision… ah'm gonnae get dressed up, go tae Jeannie's an show er da that ah'm no a drunk or a waster. Nae matter whit it takes, ah'll make sure he likes me.

Ah've tae be there fur hauf five so ah start gettin ready at hauf two. Ah pit oan ma best shirt an tie… then ah take thum aff an pit oan ma pullover… then ah take that aff an pit ma shirt an tie back oan. Ah'm a nervous wreck.

Maw disnae help. She's in ma room, naggin ma heid aff.

'Noo, make sure ye mind yer manners Bobby. Ye need tae make a guid impression. Watch yer language an remember tae say 'please' an 'thank you' an dinnae slap yer mooth when yer eatin. D'ye hear me?'

'Aye Maw. Ah hear ye.' Ye'd think ah wis six, no sixteen.

'Right,' she says, 'try this oan.'

She hauds up wan o ma faither's auld suits. Is she serious?

'It'll be a bit big fur ye but ah kin sew up the sleeves an the trooser legs an that should sort it.'

Ah try the suit oan an Coco the Clown comes tae mind.

'Maw, ah'm tryin tae get Jeannie's da tae like me, no laugh at me. Ah'm no wearin that.'

Ah take it aff. Ah expect Maw tae go bananas, but she disnae. Ah think she kin see ah look stupit in it. Ah pit ma shirt an pullover back oan. Ah'm ready tae face the music.

When ah get tae Jeannie's it's no jist er maw an da that's there. The place is packed wi hunners o wimmen, sittin oan chairs, aw roond the edge o the room. They look as if thur at a wake.

Talk aboot gettin tossed tae a den o lions! Thur's a table in the middle, piled wi food. Ah take wan look at it an start tae feel sick.

Jeannie introduces me tae er maw, Ivy. Like ma Jeannie, she hus a *happy* face. She's no stoapped smilin since ah walked in. Ina, Jeannie's big sister's there. She's gote a wee lassie, Sadie. She's three. Tommy, Jeannie's big brother, is a bruiser o a laddie wi hair doon tae ees shooders. Ees twenty an he plays guitar an sings in a pop group.

This is the bit ah've been dreadin… Jeannie's da, Hugh. He shakes ma haund an jist aboot breks ma fingers.

'So you're Bobby? Been hearin a lot aboot ye, son. Thur's nae need tae be nervous. Ah dinnae bite.'

Ah open ma mooth an ah cannae believe whit's happened tae ma voice. It's aw shaky an ah'm shreikin like a fishwife.

'It's a pleasure tae be here, Mr Reilly… when Jeannie said ah should come ah wis dead excitit so ah'm really, really glad ye invitit me an…' Ah'm a mess. Ah kin feel ma face burnin an ma sweat problem goes nuts. It's drippin aff ma chin. This is a nightmare. Jeannie's da looks me up an doon an then he smiles! Ah wisnae expectin that.

'Ye kin drap the *Mr. Reilly* bit, Bobby. Ma name's Hugh but everybody calls me *Shug*. That okay?'

'Aye Mr Reilly… ah mean *Shug*. That's okay.' Ah'm tryin hard tae stoap shakin. It's no workin. Jeannie whispers tae me. 'Bobby, yer gettin aw worked up. Calm doon an jist be yersell. C'mon, ah'll introduce ye tae ma aunties.' Aw naw… no mair folk. This is torture. We dae a tour o the room an ah'm gettin mair an mair worked up. Thur aw askin loads o questions an ah cannae answer cos ma mooth hus seized up wi fright. Aw ah kin dae is smile at thum. As ah pass roond, thur aw dead nice tae me. Then ah hear thum whisperin behind ma back.

'Whit is she wastin er time wi that wee weed fur?'

'Wid ye look at um! Ah've seen mair meat on a link sausage.'

'That's Ena Muldoon's laddie. Nae wunner he looks sae miserable wi her fur a Maw.'

Crowd o shites.

Ah pray ah kin get this ower wi quickly but ah'm panickin cos we've still tae eat oor tea. We sit doon fur a while then Jeannie's maw tells us tae help oorsells tae the food. Ah start tae panic at the thought o eatin in front o thum. Ah take a bite o a sausage roll but it's dead dry an a big lump o pastry gets stuck in ma throat. Ah start tae choke.

Thur's tears an sweat streamin doon ma face, ah'm coughin an gaggin at the same time an thur aw jist sittin starin at me… naebody moves a muscle. Nixt thing, ah throw up, aw ower Auntie Sadie's feet. Ah try tae get oot quick through aw the folk but the place is that packed ah huv tae shove ma way past. Ah'm trippin ower feet an chair legs an ah lose ma balance. Ah reach oot tae the sideboard tae save masell but ah knock ower a wallie-dug ornament an it comes crashin doon oan Jeannie's cat. The moggie gies a blood curdlin shriek an dives oan Jeannie's Auntie Lily's lap. She starts screamin, grabs it wi baith haunds, an hurls it across the room. The cat's terrified an starts runnin in circles roond the room. Efter a few laps it ends up hingin fae the curtains. It's bedlam. Aw ah kin dae is staund at the door an watch in horror. This is the worst disaster yet.

Ah get tae the lavvie an lock masell in. Whit a great way tae introduce yersell tae yer girlfriend's faimily. They must think ah'm aff ma heid. Ah'm jist aboot in tears when Jeannie knocks the lavvie door.

'Bobby… ur ye ok? Let me in.'

'Naw Jeannie. Jist leave me. Ah'll be oot in a minute…'

'Ah'm no leavin ye. It's awright Bobby. Ah've said ye wur dead nervous aboot meetin thum. They understaund. Let me in Bobby… please?'

Ah let er in an she sits beside me oan the lavvie flair.

'Jeannie... ah cannae breathe right... ah'm a bag o nerves. Ah've... ah've heard o folk... that huv... choked tae death cos they cannae breathe right. Ah think ah'm dyin...'

'Och, Bobby... yer no dyin. Ah'm here noo so jist take a big, deep breath an try yer best tae calm doon.'

Efter whit feels like an age, ah manage tae breathe again. Noo, ah jist feel dead ashamed. Nixt thing, Jeannie's maw an er aunties ur bangin oan the door, askin if ah need a doctor. Jeannie says ah'm fine an ah jist need tae get hame.

We try tae nip oot withoot onybody seein us, but it disnae happen. When we get tae the front door Jeannie's da is there, waitin fur us.

'Jeannie, ah'd like a wee private word wi Bobby. Can ye gie us a minute pet?'

Jeannie leaves me wi er da an the panic starts again. Ah dae ma usual an think the worst. Within a couple o minutes ah've convinced masell ees oot tae get me. Ah imagine um tellin me if ah dinnae treat Jeannie right he'll gie me a *Glesga Smile*. That's where yer mooth gets wider wi the help o a razor blade. Ah couldnae huv been mair wrang.

'Bobby, ah want tae thank ye fur makin ma lassie sae happy. She's been like a wee bird, chirpin aboot the place since she met ye. Yer a smasher, Bobby Muldoon. Aye... a smasher. Oh... an that reminds me... dinnae worry aboot the wallie-dug. Ah've hated the sight o it fur years.'

Whit a relief. Suddenly, ah feel six feet tall. Ah nivver get compliments an ah cannae believe Jeannie's da called me *a smasher*. No the best choice o words efter whit jist happened but ah'm feelin chuffed. Noo ma legs ur like jelly... but in a guid way.

Jeannie walks hame wi me. We wur meant tae stay fur maist o the night but ah spoilt it fur er. The mair ah think aboot the mess ah made, the mair depressed ah get. Ah'm staggerin as if ah'm pissed. When we get tae ma bit ah'm like a wet rag. Ah jist sit oan ma bed fur ages starin intae space. Jeannie hauds ma haund.

'Bobby, there's nae need tae be fed up. C'mon, smile. It's awright.'

'Naw, it's no Jeannie. Ah'm awfi sorry.'

'Dinnae be daft Bobby. It wis jist a wee accident. The sausage rolls wur shite onyway, so ye huvnae missed much.'

'But whit aboot yer Auntie Sadie? Ah puked oan er feet, fur fuck's sake!'

Jeannie starts laughin. Ah'm confused, cos tae me it wis anythin but funny.

'Auntie Sadie's a pain in the neck. She's a trouble maker. They call er the *Gab o the Gorbals,* ayeways talkin aboot somebody. Ah'm no worried er shoes ur ruined.'

'Then yer Da...'

'Aye. Whit did he want? Whit did he say tae ye?'

'He said ah make ye happy.'

'See! Ah telt ye it wid be awright. An by the way... ees right... ye dae make me happy. C'mon Bobby. Let's no sit in an be miserable? Thur's a new film oan at the pictures. If we hurry we'll catch the start? It'll cheer ye up?'

Cheer me up! Aye right! The film wis aboot Frankenstein, experimentin oan folks' brains an ah finished up even mair jittery than ah wis already. It didnae help that ah wis starvin. We left the pictures early.

2 | Big Bella's Ballsup

Ah try tae forget the disaster at Jeannie's, an she does er best tae make me feel better, but ah'm no findin it easy. A week later ah'm still goin ower it aw again in ma heid... the puke, the wrecked curtains, the smashed wallie-dug an the terrorised cat. Ah jist cannae seem tae calm doon.

Maw's no helpin. She's in wan o er moods again. Ah need peace in the hoose but thur's nuthin but drama, as usual. Ah've nae idea whit gets intae er. Wan minute she's right as rain, then, if she's bored wi things bein peaceful, she starts a war. It's as if she gets up in the mornin wi er battle plan aw worked oot. If she's no screamin at Faither aboot ees filthy boots, she's screamin at me cos ah huvnae dried the dishes right.

Noo, it's the neebors' turn. Ah'm surprised ony o them ur still speakin tae er cos every single week she's complainin aboot somethin... this time it's the stuff happenin oan the landin ootside. Dugs barkin, doors slammin an weans droppin sweetie papers. Oot she goes, shoutin an bawlin an arguin wi everybody. Thur wis only wan neebor left that wis speakin tae er, big Bella, fae the first flair. That chinged this mornin.

Maw decidit er hair wis needin done an, instead o goin tae a real hairdresser, she went tae big Bella. Bad move. She's a dug groomer that cuts folks' hair oan the cheap. Maw hud asked er tae dae wan o they *perm* things. She said it wis a *Toni Twink* an it wid gie er hair loads o 'body an bounce'. She wis away fur ages an when she gote in she stood in the livin room, grinnin fae ear tae ear.

'This is ma new look? Whit dae ye think?'

Faither an me jist stood starin at er. Er hair wis jist wan huge mass o frizz, stickin oot aw ower the place. She looked like she'd stuck er finger in an electric socket.

'Maw... did Bella no huv a mirror?'

She's quick tae catch oan. She goes tae the mirror above the sideboard an when she sees the mess it's like a bomb explodin.

'Whit the...! Look at it! It's a bloody mess! Ah telt er ah wantit it bouncy, no fuckin frizzy! Ah've jist flung thirteen an six right doon the drain. Well, ah tell ye... that's her an me finished!'

Whit a state. Faither starts smirkin an ah'm killin masell laughin. Ah cannae haud it in. That gets me a clip roond the ear. Faither does ees usual an tries tae make a bad situation better.

'It's no that bad Ena. It'll mibbe be less... big... if ye wash it? Mibbe it'll go back tae the way it wis?'

'If you huv nuthin sensible tae say, Alec Muldoon, then ah suggest ye shut it. Whit dae ye think the word *perm* means?'

'Nae idea Ena.'

'Well, ah'll tell ye. It's short fur *permanent*. This monstrosity oan the tap o ma heid wis creatit by a *permanent wave kit* an that means ah'm gonnae look like this fur the nixt three months.'

'Ah wis jist tryin tae...'

Maw's gote a scary, *'You ur a stupit eejit'* look an she gies Faither wan. Faither shuts ees mooth quick. Ah try ma suggestion.

'Maw, wid it help if ye ironed it?'

She curls er tap lip up when she's confused. Up it went.

'Whit? Did ah hear that right? Did you jist say ah should iron ma heid?'

'Naw... no yer heid Maw... yer hair. Jeannie does it tae hers an it makes it aw straight an shiny lookin. She pits the bits o hair in between sheets o broon wrappin paper an lies it oan the ironin board an irons it. She says it really works?'

Ah couldnae understaund why she thought ah wis takin the piss. Her eyes wur like slits.

'Ah'm gonnae kid oan ah nivver heard that. Noo, here's anither suggestion... bugger aff!'

When Maw gets in that kinda mood yer better aff oot the hoose so Faither an me make a quick exit doon in the lift an we get cones fae the ice cream van an sit ootside in the sun. It's no very often we get peace tae talk aboot stuff. Maw's ayeways there, orderin us aboot. Tidy up, dae the dishes, pit the rubbish oot. She nivver lets up.

Faither hus been dead quiet fur a few weeks noo. Ees lookin miserable an ees spendin loads o time at the allotment. He comes back wi a big bag o vegetables an she looks in it an says the carrots are skinny an the cabbages should be greener.

If ah wis him ah'd tell er tae stick the carrots where a monkey sticks its nuts but ah'm jist a wee laddie so it's no ma place tae say onythin. Ah jist wish Faither wid staund up fur umsell a bit mair an answer er back. Ah try tae get um tae talk.

'Ur you awright Faither?'

'Aye, Bobby. Ah'm awright son.'

'Ur ye fed up?'

'Whit makes ye think that?'

'It's jist that yer awfi quiet Faither. Ah jist wondered if ye wur fed up.'

Faither sighs an it comes fae ees boots.

'See in the future Bobby... if you an Jeannie settle doon? Dae yer best tae stay as ye are. Dinnae let onythin or onybody chinge ye son?'

'Whit dae ye mean Faither?'

'Whit ah mean is... be yersell, an let Jeannie be who she is an ye'll huv a guid life.'

Ah'm understaundin whit Faither means. Ee's talkin aboot Maw...

'Jeannie an me ur awright Faither... we widnae want tae chinge each ither...'

'That's guid son... ah'm pleased tae hear ye say that.'

We sit quiet fur a while. Thur's loads o weans playin kick-the-can an peevers an we sit an eat oor cones an watch thum enjoyin thur games. The peace disnae last long though. Inside the front door we kin hear a load o screamin an shoutin. Here we go again. As usual, Maw's voice is the loudest. Faither an me go in an there she is, ootside big Bella's flat, doon oan er haunds an knees, screechin through the letterbox.

'Come oot Bella or ah'll kick yer door in! Come oot right noo an ye kin bring ma hair money wi ye. Ah want a refund!'

Bella's no huvin it.

'Shut yer trap, Ena. It's no ma fault yer heid's like a busted mattress. It wis a mess afore ah startit.'

'Wis it buggery. Ye did somethin wrang wi the lotion an ye've left me lookin a right sight! Ye should stick tae poodles an stay away fae human heids! Yer aw talk aboot how guid ye are an ye huvnae gote a clue. Noo get oot here an gie me ma money back!'

'Ah've telt ye yer no gettin it so ye might as well get up the stairs an knit yersell a jumper. The frizz grows oot in a few weeks onyway.'

'Ah'm gonnae tell ye wan last time Bella. Get oot here an gie me ma money.'

'An ah'm gonnae tell you wan last time... nae chance.'

How does she dae it? How does Maw ayeways manage tae start an argument wi folk an finish up no speakin tae thum ivver again. She's an expert at it. Bella wis er best pal.

Nixt thing, Mary Dick appears. She lives across fae Bella an she's a nutcase. She's anither yin Maw disnae get oan wi. Mary's gote three laddies an thur aw jist like thur maw – dead cheeky. Wan day they wur kickin a fitba' up an doon the corridor an Maw loast the heid wi thum. She telt thum tae shift but they jist geid er a load o abuse. Then they called er *Fatso* so she pit a knife through thur fitba'. That wis it. Mary went mad at Maw an they huvnae spoke since.

Mary starts oan Maw.

'See you, Ena. Yer a bloody nuisance. Yer needin tae get yersell a life an stoap harrassin folk.'

That winds Maw up even mair.

'This is nane o yer business Mary, so jist keep yer neb oot.'

Mary's spittin tacks. Nixt thing she shoves Maw oot the road an shouts tae Bella through the letter box.

'Jist ignore er Bella. Ah'm here noo, so ye kin come oot.'

The door bursts opens an Bella staunds in the doorway wi er haunds oan er hips. She gote a dead hairy chin an she looks mair like a man than a wumman but that disnae stoap Maw. She squares up tae er.

'Right you. Look at ma heid. It's like a bush. Ah want a refund.'

Bella shoves er face in Maw's, ready tae huv a go. Jist as Maw raises er haund, Faither steps in. He grabs er by the airm an starts pullin er tae the lift. Maw's shoutin insults an Bella's flingin insults back.

'Ye've no heard the last o this Bella McRory! Call yersel a hairdresser? Yer a joke!'

'Och, away an bile yer heid Ena! Nae hairstyle's gonnae make ye look better onyway! Yer a soor-faced cow!'

Bella hus the last word an we get Maw intae the lift. She's rantin aw the way up tae the hoose! Whit a cairry oan! Thur worse than weans in a playgrund. When we get in Maw does a war dance roond the livin room, shoutin an cursin Bella an er perm curlers, sayin she's gonnae shove thum doon er throat. Then she storms intae the kitchen an starts cleanin the cupboards, mutterin under er breath. She's haulin everythin oot an thur's stuff flyin everywhere, so Faither an me make a quick exit an shut oorsells in the livin room.

'Whit a cairry oan Bobby. When yer maw's no happy wi somethin she explodes like a firework. She gets totally oot o control.'

'Ah kin understaund whit she's sayin aboot er heid though Faither. It's a disaster. Every time ah look at er ah want tae laugh. Ma belly's sair haudin it in.'

Faither starts tae snigger. 'Aye, me tae. It's a right mess eh? Ah think we kin safely say it's a *Big Bella Ballsup*!'

We look at each ither an we totally lose it! We finish up helpless, wi tears runnin doon oor faces. Wur tryin no tae let Maw hear us an that makes us laugh even mair. Noo, Faither's sprawled oan the couch, breathless, an ah'm lyin, flat oan the flair, haudin ma belly.

Faither gets up an goes tae the livin room door. He opens it a wee bit. Thur's nae sound. The crashin an bangin hus stoapped. It turns oot Maw hus disappeared intae the bedroom. That's usually whit she does when she hus a rant an runs oot o energy.

Faither starts makin the dinner an ah gie um a haund. Every noo an again he gies a wee snigger. That starts me aff. Whit a laugh. Guid joab Maw husnae heard us. Faither shouts er fur er dinner but she jist tells um tae shove it up ees arse! Nice Maw!

Later that night, Faither an me ur watchin telly when she yells fae the kitchen.

'Alec! Bobby! Get in here an gie me a haund!'

When we go in, there's Maw, wi er heid oan the ironin board. She cannae move cos everythin's stuck! Thur's a big chunk o hair stuck roond the iron, the iron's stuck tae the broon paper and the broon paper's stuck tae the cover.

She cannae move, thur's smoke comin oot er heid an it's stinkin. She goes mental.

'Dinnae jist staund there! Turn the fuckin iron aff!'

Ah pull oot the plug an Maw staggers tae the table, still attached tae the iron.

'Whit ur ye gonnae dae Maw? Yer gonnae huv tae cut it aff.'

Faither's jist staundin starin at er. Aboot as much use as a chocolate ashtray.

'You pair ur useless. Bobby… get Jeannie! She'll sort it. Get er!'

Ah dive across tae Jeannie's an she runs back wi me. Maw's sittin at the table, still clingin oan tae the hairy iron, whimperin like a wean. Jeannie takes charge.

'Mrs Muldoon, jist sit nice and still and ah'll see whit ah kin dae. Huv ye gote scissors Bobby?'

Ah get the scissors an Jeannie works away at Maw's heid an gets er free. Er hair wis bad afore but it's even worse noo cos thur's a bald patch oan wan side an a great big, frazzled chunk stickin oot the ither.

We gie Maw a cup o tea, laced wi whisky, tae help wi the shock. Jeannie somehow manages tae cover up the burnt bits an she gets Maw's bun back ontae the tap o er heid. It's no quite right… it's aw lopsided… but it's better than it wis. Noo Jeannie's well in wi Maw.

Ah walk Jeannie back tae er hoose.

'Whit a cairry oan Jeannie. It could only happen tae ma maw.'

'Ah feel sorry fur er Bobby. Er heid looks like a giant Brillo pad.'

That starts me aff again an, by the time we get tae Jeannie's door, wur baith helpless wi laughter. Ah walk back, still sniggerin, an ah huv tae sit ootside ma door fur ages tae calm doon. If Maw sees any sign o a smile oan ma face, she'll no be long wipin it aff!

3 | Eckie's Guid Deed

Efter aw the cairry oan ah settle doon an ah start lookin forward tae the Summer. Jeannie's dead excitit cos she's hud word that she's gettin intae the nursin college, Logan an Johnson, oan Glesga Green. She starts in September an she cannae wait. She hus tae go there fur a year an then she kin be a real nurse in a hospital. Ah think she's gonnae be guid at it. She's kind an understaundin an she's no scared o blood. Ah hud a nose bleed wan time an ah wis near sick at the sight o it but she didnae bother. She disnae get queasy, like me.

Ah need tae get work noo an earn some money. Ma faither hus been talkin tae wan o the men at the allotment an he says thur could be a joab comin up wi um, as an apprentice brickie. Faither's told um ah'm keen so ah'm keepin ma fingers crossed. That wid make everythin perfect.

Since the disaster at Jeannie's hoose ah've been gettin tae know er brother, Tommy. We get oan well. Ees gote a best pal, Eric. That's ees real name but ees nickname's *Eckie*. They work thegither, sellin cars. Ah've nivver hud pals afore so ah'm enjoyin hingin aboot wi thum. Oan a Saturday efternoon we aw meet up an go tae Glesga Green fur a game o fitba'. It's no far fae the hoose. We walk along Rutherglen Road, cut doon Moffat Street then ontae Ballater Street an ower the bridge. It jist takes fifteen minutes an wur there.

We huv a kick aroond an thur's usually plenty local laddies turn up so thur's nae problem makin up teams. Ma team aye-ways wins cos ah score aw the goals. Ah'm guid at it. Ah've been playin fitba' since ah wis wee. Ma faither said that fae the minute ah wis up oan ma feet thur wis a ba' at the end o ma leg.

Efter the game we get fish suppers fae the chippie an sit in the park tae eat thum. Eckie an Tommy are baith older than me but thur guid tae talk tae. While wur huvin oor chips we talk aboot loads o stuff… maistly fitba'… an lassies. Eckie seems tae know a lot aboot lassies.

Ees hud loads o girlfriends. Ah'm waitin fur a chance tae get um oan ees ain. Ah want tae ask um aboot a problem ah've gote. Ah cannae talk tae Tommy cos it's aboot me an Jeannie. Oan Saturday Tommy wisnae at the fitba'. He hud sickness an diarrhoea.

Ah wis happy aboot that… ah dinnae mean ah wis happy he hud diarrhoea… ah wis jist happy tae get Eckie oan ees ain tae ask fur some advice. Ah take a deep breath.

'Eckie, dae ye think ye could help me wi sex?' The look oan ees face telt me ah hud dropped a clanger. Ah quickly fix it.

'Whit ah mean is… ah've been strugglin wi the sex thing fur months noo. Every time Jeannie an me huv a winch she gets up dead close an ah get a lump in ma troosers. Ah know whit it is but huvnae gote a clue whit tae dae wi it.'

Eckie bursts oot laughin.

'Fur a start Bobby, quit callin it a *lump in yer troosers*. Yer no twelve! It's a *hard on* yer talkin aboot, right?'

'Aye. A… a hard on. Ah cannae speak tae Jeannie aboot it but ah kin tell she thinks we should be daein mair than jist kissin. Ah'm at ma wit's end Eckie.'

'How long huv ye been goin oot wi Jeannie, Bobby?'

'Six months.'

'An she's still interested in ye? Fur fuck's sake, Bobby! Whit ur ye thinkin?'

'Ah know. Ah really need yer help Eckie. Ah'm desperate.'

'Ok. Dinnae worry. It's easy fixed.'

Ah start tae panic that Eckie's gonnae talk aboot how tae *dae it*. Ah widnae know where tae look. He disnae. He says ees gote an idea.

'Meet me the morra night at the Cross. You and me ur goin oot.'

'Where ur we goin?'

'Dinnae ask questions. Jist meet me at seven. Okay?'

'Okay.'

Ah'm confused cos ah wis hopin he wid help me wi ma problem. Instead, he wants tae go fur a night oot.

The followin night ah wait at the Cross fur um an he drives up in a dead flashy car. Ees gote a guid job sellin cars so ees probably borrowed it fae the garage. Ah get in an we drive off.

'Where ur we goin Eckie?'

'Ah telt ye afore. Dinnae ask questions Bobby. All ah'll say is that by the end o the night ye'll be *very* glad ye came.'

Ah keep quiet an we finish up in Govan. Eckie parks in the street, ootside wan o the auld tenements.

'Right Bobby. Oot ye get.'

'Ur you no comin wi me?'

'Jist relax. Aye, ah'm comin wi ye. Thur's somebody ah want ye tae meet.'

'Who is it?'

'Er name's Vivienne. She's a teacher.'

'Whit does she teach?'

He smiles. 'Biology.'

Ah'm tryin ma best tae make sense oh whit's goin oan but ah cannae. Whit wid ah want wi a Biology teacher? It's gettin weird noo. We get tae the door an Eckie gies three loud knocks. The door opens an staundin there is the ugliest wumman ah've ever seen. She's gote bright yella, dyed hair an she's wearin a wee short leather skirt. Er diddies ur hingin hauf oot er blouse.

She asks us in an we sit doon. The smell o er perfume is disgustin an it makes me lightheided. Eckie introduces us.

'Bobby… meet Vivienne. Vivienne… this is ma pal, Bobby.'

'Very nice tae meet ye, Bobby.' Fuck! Er voice sounds like she's swallied a roll o sandpaper.

This is scary.

'Drink boys?' Vivienne lays oot a bottle o whisky an three glasses.

Eckie staunds up. 'No fur me Viv. Ah need tae go. Bobby… ah'll be back fur ye at hauf nine. Huv a guid night.' An wi that he grins an disappears oot the door.

Noo ah'm really confused. Ah cannae believe Eckie's walked oot an left me… then it clicks. Fuck!

Vivienne sits doon an when she crosses er legs an ah kin jist aboot see whit she hud fur er dinner. Ma heid feels mushy.

'Whit age are ye, Bobby?'

'Ah'll be seventeen nixt year.'

'So yer sixteen then?'

Is she bein funny… or is she jist thick?

'Aye.'

'That's nice. Eckie tells me ye huv a problem? A problem wi sex?'

Aw naw! This cannae happen. No way! Ah get up an make fur the door but Vivienne stoaps me. She takes ma haund an pulls me back tae the couch.

'Bobby, nae need to be nervous. Ah kin help ye. Ye dinnae huv tae dae a thing. Come an sit nixt tae me?'

Ah sit doon an she strokes ma hair. Ah cannae move. Ah'm solid wi fear. She smiles an licks er lips an that finishes me. Ah've ayeways hud a sweat problem but this is the worst yet. It's drippin aff ma chin again. Ah try tae staund up but she pushes me back doon oan the settee an starts rubbin ma knee. Then she starts slidin er haund up ma leg! Ah'm no huvin this.

'Ah'm a virgin!'

She smiles. 'Aye... ah know that Bobby. It's fine. Jist lean back an relax. Everythin's gonnae be jist fine.'

* * *

At hauf nine ah wait ootside the close fur Eckie. Ah'm in a right state. Aw ah kin think aboot is Jeannie an whit she wid say if she knew. Ah telt er ah wis playin fitba' an instead ah wis... if she finds oot she'll be devastatit. Ah've lied tae er fur the furst time an ah'm numb wi guilt. Ah get in the car an ah kin hardly speak. Eckie starts chibbin me fur details.

'Well? How did it go? Did ye enjoy it? C'mon Bobby... spill!'

Ah turn oan um.

'Jist get me hame Eckie. Ah know whit ye wir tryin tae dae, but it didnae work. Ah couldnae handle it an ah telt er ah wis sorry.'

'Whit! Ah paid er guid money an ye backed oot? Whit wur ye thinkin?'

'Ah'll tell ye whit ah wis thinkin. Ah wis thinkin o Jeannie an how ah couldnae let er doon. When ma furst time comes ah want it tae be wi hur, no some floosie.'

Eckie wisnae pleased. 'Whit did Vivienne say when ye knocked er back?'

'She wis awright aboot it. We spent the time talkin aboot sex but no daein it. She explained everythin ah huv tae dae when the time comes. She even let me write things doon in a wee note-book so it wisnae a wastit night. Ah appreciate ye tryin tae help me Eckie. Ah'll pay ye back when ah get money.'

'Ah dinnae want paid back Bobby. Consider it a present. Ah'm jist amazed that ye didnae enjoy yersell when ye hud the chance.'

Fur me, it wis a close shave, but at least ah wis true tae Jeannie so ah'm gonnae keep this tae masell an pit it doon tae experience. Wan thing though… ah wunder whit it would've felt like.

4 | The Music Man

Ah wish ah didnae worry aboot stuff as much. Ah kept thinkin aboot the Vivienne thing an how close ah came tae gettin wan o they sex infections. Ah'm jist hopin ah didnae catch onythin aff er settee. Best no tae keep thinkin aboot it an concentrate oan Jeannie an me.

Oan Tuesday night thur's tae be a party fur Tommy. Ees gote a new joab in London. Ees gonnae be in charge o a big garage sellin dead fancy cars tae famous folk. Ah'm glad fur um but ah'll miss um. Jist when ah thought ah hud a best pal tae. He disnae go till efter the holidays in July though so ah'll still huv ma fitba' pal fur a while yet.

Ah didnae think ah'd get invitit back tae Jeannie's efter whit happened last time, but ah did. She spent ages convincin me it wid be okay an, in the end, ah said ah wid go. It wid gie me a chance tae show er faimily that ah'm no a ravin lunatic. Last time, Mr Reilly said ah wis *a smasher* so ah hud nae reason tae be scared o meetin um this time.

When ah get there it's jist the close faimily. Nae aunties or neebors tae worry aboot. Ah keep masell dead calm. Ah even manage tae eat ma steak pie an trifle withoot chokin. Efter tea, everybody sits in the livin room. Jeannie's maw an da tell funny stories aboot Tommy, Ina an Jeannie when they wur wee. Jeannie's maw is dead easy tae talk tae. She's askin me questions aboot ma faimily an ah finish up tellin er ma life story. Ah tell er aboot the laddies at school makin fun o ma *chicken legs*. Ah tell er aboot ma faither an how he jist pits up wi Maw's crabbit chops. Ah even tell er aboot ma maw an the shock she gote when she found oot er faither wisnae er real faither. Nae idea where it aw came fae but ah think it's cos ah felt dead comfy talkin tae er. She's a guid listener.

Jeannie's maw goes tae make some tea. Ah look aroond the room. Tommy an Ina ur playin draughts an Jeannie's da is huvin a sleep in the chair wi the cat curled up oan ees lap. Jeannie's sittin oan the flair at ees feet. Ah get a warm feelin in ma belly. This is what ah want.

This is the way ah want me an Jeannie tae be when we huv a hoose. This is a *real* faimily. A *happy* faimily. They smile aw the time. Ma faimily's a mess. Ah cannae remember the last time ma Maw smiled at me.

At eight o clock the door goes. It's Jeannie's granny an gran-dad, Isabel an Jimmy.

Thur a funny lookin wee couple. They look like twins. They've baith got rosy cheeks an mops o grey hair. Ah remember Jeannie tellin me they met when they wur sixteen an they've been thegither fur fifty years.

Jeannie whispers tae me.

'Get ready fur this, Bobby. Granny's losin it a wee bit an she comes oot wi weird stuff when she's in amongst folk.'

It disnae take long. She keeps us goin aw night wi er funny stories an then, right in the middle o a sentence, she starts singin *Nellie Dean* at the tap o er voice. While she's singin, Grandad Jimmy smiles, closes ees eyes an listens. Then, when she's finished, he takes er haund an squeezes it. That, tae me, is real love. Love that hus lasted fur fifty years. Fifty years. That gies me a big lump in ma throat.

Mr Reilly reaches doon tae the side o ees chair an brings oot a message bag.

'Noo Bobby, the Reilly family hus a tradition. In this bag thur's hame-made musical instruments an when we aw get thegither we huv some fun wi thum. Be guid if ye joined in?'

'Ah'd like that, but ah'm no musical Mr Reilly.' Ah cannae bring masell tae call um *Shug*.

'Aw, ye dinnae huv tae be a pop star son. Ina, gie Bobby ma biscuit tin an the spoon.'

Ina haunds me the tin. 'Consider yersell honoured, Bobby. Da disnae let jist onybody play ees tin. Ye must huv the seal o approval right enough.' They aw start clappin at that, an ma face feels as if it's oan fire.

Ah huvnae a clue how tae *play* a biscuit tin so ah wait till aw the instruments ur oot. Combs an toilet paper tae blaw through, tins fu o dried peas tae shake an a washboard tae run a wooden spoon up an doon oan. Grandad Jimmy brings oot ees mooth organ an Jeannie's maw staunds up tae sing.

'Right! We'll sing *The Music Man* so everybody get ready!'

This is mad but it's great fun. When it comes tae yer turn ye huv tae play yer instrument. Then at the end, we aw play as an orchestra.

Whit a racket! Jeannie an Ina ur blawin through the combs, ah'm bangin ma biscuit tin, Tommy an Granny Isabel ur shakin the tins o peas an Mr Reilly is scrapin away at the washboard fur aw ees worth. It's the best fun ah've hud in ages.

At the end o the night Jeannie's da is well oan wi the drink. Ees a Clyde supporter an oot the blue he starts singin the team song. Tommy joins in.

'Oh the Clyde, the Clyde, the Bully Wee Clyde.
The name o it thrills me an fills me wi pride
An ah'm satisfied, what er will betide
The greatest o teams is the Bully Wee Clyde.'

Tommy an ees da start talkin aboot fitba' an ah cannae join in cos ah'm clueless aboot thur team. Ah've kicked a ba' aboot the park since ah wis auld enough tae run but ah've nivver been tae a *real* fitba' match. Faither watches it oan the telly but Maw disnae like um goin tae the games. She says thur aw a crowd o ruffians. Faither disnae argue wi er. Tommy cannae believe it when ah tell um.

'Yer kiddin me Bobby! Ye've nivver been tae Shawfield tae watch the Bully Wee?'

'Whit's the Bully Wee?'

'It means *we're small but brave*... it's the slogan fur oor team, Clyde FC.'

Jeannie's da chips in.

'Right Bobby. Nixt time thur playin at hame, yer comin wi us. If ye huvnae heard the roar o the crowd at a Clyde match, ye huvnae lived.'

Ah dinnae understaund this. Suddenly ah feel a weird excitement in ma belly. Ah'm goin tae watch *real* fitba'. Wait till ah tell ma faither. Ah need tae get this in the bag afore they forget they've asked me.

'So, is thur a game this week ah could go tae?'

Jeannie's da laughs. Mibbe ah'm pushin this too much.

'Clyde ur playin away this week Bobby. See, wan week the game's at hame an the nixt they play away. Ye kin come in a fortnight though. We nivver miss a match.'

'That wid be guid. Ah cannae wait.'

Tommy sees how keen ah am.

'Ah've gote an idea Bobby. Oor cousin, Rab, plays fur Glencairn Juniors. When Clyde ur playin away we go an watch The

Glens. Thur playin against Maryhill oan Saturday? D'ye want tae go?'

'Aye, ah want tae go. Where dae they play?'

'Southcroft Park. It's up the Glesga Road tae Rutherglen. It's no far. We kin meet ye an walk tae the game.'

Jeannie says she wants tae come tae. Ah'm beside masell wi excitement.

At ten o clock the party winds up. Ah get ma jaicket an say *cheerio* tae everybody. Jeannie sees me tae the door. Ah've hud the best day. Things couldnae be better. Or could they? Ah'm jist goin oot the door when Jeannie's Maw stoaps me.

'Bobby, wait a minute. Ah've gote somethin tae ask ye? Wur aw goin tae Rothesay at the fair fortnight? We go every year. It wid be nice fur Jeannie if ye came wi us this time? Wid ye like that?'

Ah want tae jump aroond wi excitement but ah dinnae want tae act like a stupit wee laddie.

'Aye... ah wid really like that. Thanks, Mrs Reilly.'

'That's guid Bobby. Jist check wi yer maw an faither an let me know?'

Ah feel dead grown up. Ah kin play a biscuit tin, ah kin sing the Clyde song, ah'm gonnae be a fitba' supporter an ah'm goin tae Rothesay in three weeks! How guid is aw that?

5 | Fitba' Crazy

The big day comes. Tommy's brought a fitba' scarf fur me an we walk tae Southcroft Park. We go doon Old Rutherglen Road, right through Oatlands, by the Richmond Park. Then we pass Shawfield stadium where the Clyde team plays thur games an up the Glesga Road tae Rutherglen.

We get tae the stadium an ma stomach's churnin wi excitement. We pay oor money tae the wee auld guy an pass through the gates. Faither gave me money fur me an Jeannie so ah'm sortit. We aw buy a strip o raffle tickets. Tommy tells me that, if ye win, ye get a bottle o Famous Grouse whisky. If ah win it ah'll take it hame tae Faither.

When we get intae the park it's heavin wi folk waitin fur the game tae start. Aw ah kin see ur black an white scarves. Whit a sight.

Thur's a hatch at the side o the stadium an Tommy's da joins the big queue.

'Staund here Bobby. This is the *pie shop*. We ayeways get oor cup o Bovril an a pie before the game.'

Ah'm huvin the best time an the game's no even startit yet. Jeannie laughs at me cos she says ma eyes ur poppin oot ma heid wi excitement. We aw staund in oor places an thur's a great big roar when the players come ontae the pitch. Thur aw dressed in black an white striped fitba' strips an they look dead smart.

They dae a wee bit warmin-up afore they start an ah take a note in ma heid whit thur daein. Swingin thur airms roond an roond, bendin doon an touchin thur toes an runnin oan the spot. Tommy is explainin whit's happenin. Ah sip ma Bovril an listen carefully tae whit ees sayin.

'These laddies ur dead fit Bobby. Ye huv tae be tae run aroond a pitch fur ninety minutes. But it's no aw aboot runnin efter a ba' Bobby. When they dae thur trainin sessions, the coach works wi thum oan thur attitude tae. They huv tae huv a guid *fitba brain* an be aware o space an movement. They huv tae anticipate whit the ither team ur gonnae dae so they need tae be alert. Thur's a lot fur thum tae think aboot.

Then, thur's aw the *ball work*. They get trained tae dae headers an footwork, dribblin up an doon the park. They need tae be in control o the ba' at all times.'

Ah think tae masell that *ball work* must be anither name fur *keepy uppy*. Ah'm guid at that. Ah kin keep a ba' up in the air fur ages. Ah've been daein that since ah wis three.

The whistle blaws an the players start runnin, kickin the ba', dodgin aboot, an shoutin tae each ither. Ah look aroond at the crowd. Thur aw staundin roond the park, shoutin fur thur teams, tellin thum whit tae dae wi the ba'. Glencairn scores a goal and the place goes berserk! Ah cannae help masell. Ah'm jumpin aboot like a loonie, cuddlin Jeannie an screamin at the tap o ma lungs.

'C'mon The Glens! Well done boys! Get in there!'

Ah'm no sure if that's whit yer supposed tae shout but ah dae it onyway an it feels guid. Jeannie laughs an pits er airm through mine.

The game goes oan an suddenly, Maryhill starts tae take control o the ba'. Thur leggin it towards oor goalie an, like a shot oot a gun, thur big centre forward, number nine, dives at the ba' tae heid it but he hits it intae the net wi ees haund. The crowd goes wild cos the referee gies um the goal. Ah'm fumin. Tommy an Jeannie's da ur cursin an aw the folk roond us ur jumpin up an doon. Ah'm no sure if that's cheatin but it's definitely no fair.

The Glens win the match 5–3 an we walk hame happy. Ah didnae win the whisky but ah made a huge decision. Ah want tae play fitba'. Ah want tae get intae that team an play in that park wi that ba'.

Whit a feelin it must be tae wear that black an white strip an run like fuck aroond the pitch wi the crowd cheerin ye oan. Then, if ye score a goal ye get lifted up ontae yer team's shooders an they aw thump ye oan the back an say *well done*. Aye. Ah'm no usually guid at makin decisions but this wan is easy. Ah'm gonnae be a fitba' player... an ah want tae play fur *The Glens*. Thur's a problem though. Aw the laddies in the team ur bigger than me wi muscles oan thur legs. They'll probably laugh at me if ah suggest it. Ah'm jist wee... wi skinny chicken legs.

Ah cannae dae much aboot that though so thur's nae point worryin aboot it. Ah huv tae try. Ah've nivver wantit onythin as much in ma life. Noo ah jist huv tae find a way tae get in.

Ah cannae stoap thinkin aboot fitba'. Fae the minute ah wake up till ah get tae ma bed ah'm thinkin aboot it. The weather's guid so ah play as much as ah can an ah run till ah cannae breathe right. Ah practice dribblin an ball work an ah keep tellin masell that ah huv tae be aware o space an movement. That's a weird yin cos thur's only me there an ah cannae play against masell. Aw ah kin dae is kid oan ah'm playin wi The Glens at Southcroft. The crowd's roarin an ah'm scorin goal efter goal efter goal.

Every time ah dae ma ain wee trainin session at Glesga Green thur's a crowd watchin me. Okay... thur's only aboot six folk but ah still need tae show thum whit ah kin dae. Ah dribble the ba' doon the park at tap speed an crash it through the goal posts. The crowd cheers an that's the best feelin ah've ever hud. These wee chicken legs o mine kin move like lightnin an ah'm gonnae work thum intae the grund till ah get tae where a want tae be... playin at Hampden Park in front o a crowd o twinty thoosand. That's somethin added tae ma action plan.

It's June an it disnae get dark till late so ah'm trainin every night. Trouble is, ah'm no seein as much o Jeannie as ah should be. She says she's missin me. She understaunds that ah'm enjoyin ma fitba' but she keeps talkin aboot oor future so ah need tae concentrate oan gettin a joab. Ah'm still waitin fur word o the brickie apprentice thing an ma faither says ah should hear soon. Noo though, we huv tae get ready fur oor holiday in Rothesay. We leave in three weeks an ah'm dead excitit. Fitba' will huv tae wait till ah get back.

6 | The Day We Went Tae Rothesay-O

Ah've only been oan wan holiday afore an it wis a disaster. We went tae Whitley Bay an Maw complained fae the minute we gote there. She claimed the room wis filthy, the food wis greasy an the landlady wis a nosey cow. Everywhere we went thur wis a problem an she moaned er way through the fair fortnight. Trouble wis, she's gote a voice like a foghorn an everybody could hear er.

'This wis a stupit idea, comin here,' she said. 'The place is hoachin wi screamin weans. Thur daein ma heid in.' That didnae go doon well with the folk aroond us. Everywhere we went we gote dirty looks. Whit an embarassment.

Ah didnae get tae go oan the waltzers at the shows. She said she wisnae spendin hard earned money tae huv me flung aboot till ah wis sick. Aw ah could dae wis staund an watch the weans huvin a great time. Ah wis miserable fur two whole weeks. Ah'm hopin this holiday will be better.

We aw met up at Glesga Central tae get the train. When we

gote tae Rothesay we stayed in a wee bed an breakfast right oan the front, near the beach. The landlady wis nice an the food wis guid tae. We hud a big fry up breakfast every day wi sausages an bacon an black puddin.

Jeannie shared a room wi Ina an Sadie, an ah shared wi Tommy. It wis guid fun. Ees a right laugh an we stayed up hauf the night tellin jokes an stuffin oorsells wi sweets an juice. The weather wis blisterin hot an Jeannie an me went tae the beach every day. We paddled in the sea an collected shells tae take hame. Jeannie said she wis gonnae make a shell lamp. Ye cover a bottle wi plaster, stick the shells oan an then, when it's set, ye paint varnish oan it. She said she wantit tae make it fur oor hoose when we get it.

Ah hud packed ma swimmin trunks but ah didnae huv the bottle tae wear thum cos o ma chicken legs so ah jist rolled up ma troosers. Jeannie hud er bathin costume wi er so she went swimmin an ah jist sat oan the sand an waved tae er.

When ah left, Faither gave me money. He said that cos Mr Reilly paid fur the boardin hoose, ah hud tae treat Jeannie so, every night when we went tae the shows, ah paid fur aw the rides. We whirled roond oan the waltzers till we wur nearly sick, played the slot machines an ate toffee apples an candy floss. At the shootin range ah won a big teddy bear fur Jeannie an we sat cuddlin oan the big wheel… miles up in the sky. Ma favourite thing wis the ice skatin rink. By the end o the fortnight ah wis flyin roond it like an Olympic champion. Ah even mastered skatin oan wan leg wi ma ither wan stickin oot the back. Ah loved it.

The day afore we wur due tae leave we hud wan last skate roond the rink. We wur enjoyin oorsells when we noticed a crowd hud gaithered roond a wee lassie lyin oan the ice. She wis screamin an er haund wis covered in blood. The lassie's maw wis hysterical. Jeannie's a Girl Guide leader an she does the first aid stuff so we skated ower tae see if thur wis onythin we could dae. Ah couldnae believe ma eyes. The wee lassie hud fell flat oan er face an somebody hud skated ower er haund an sliced er pinky right aff. There it wis, lyin oan the ice, oozin blood an naebody hud the nerve tae touch it. Jeannie totally took ower. She shouted fur somebody tae get an ambulance, then she scraped up some ice wi er skates, stuffed it in er glove an pit the finger in it. It wis like a scene fae a horror film.

The ambulance men arrived an Jeannie gave thum the glove. Noo, ye wid think ye wid huv some sort o reaction if ye gote handed a glove wi a finger in it but the ambulance man said Jeannie hud done well an thanked er. Then they pit the lassie oan a stretcher an took er away. When Jeannie explained it aw tae me ah couldnae help but be dead impressed.

'As long as the finger stays cauld an if she gets tae the hospital quick enough, the doctor kin mibbe sew it back oan.'

Ah shuddered at the thought o it an ah wis glad tae get ma skates aff. No sure ah'll be goin skatin again fur a while.

When we telt Jeannie's faimily the story, they wur amazed at how she hud dealt wi it. Then, jist as we wur headin oot tae the chip shop fur oor tea, a newspaper reporter arrived.

'I believe we have a superstar here? Which of you ladies helped a little girl at the ice rink today?'

Jeannie said it wis her an he took aw the details doon in a notebook. Then he asked if it wis okay tae take a picture. Because we wur baith there, he said ah could be in it tae. We couldnae believe it when he asked Jeannie if she still hud er other glove an could she haud it up fur the picture! Whit a sick idea. Jeannie telt um, politely, tae bugger aff. He took a picture o us an left.

Efter oor tea we went tae the hotel oan the front. Jeannie's da bought me a shandy an we settled doon tae listen tae the entertainment. Thur wis a talent competition oan an loads o folk wur gettin up, beltin oot Frank Sinatra an Shirley Bassey. Then they asked me tae take a turn. It must huv been a strong shandy cos ah wis up oan the stage like a shot. The piano player wis in charge.

'Well now ladies an gentlemen, here we have... whit's yer name son?'

'Bobby Muldoon.'

'Okay Bobby. Do you have a song for us?'

'Aye, it's wan ma faither taught me?'

'Excellent... off you go young man!'

Ah could feel the shandy goin tae ma heid an afore ah knew it ah wis haudin a microphone an singin intae it. Ah looked oot an aw ah could see wis dozens o faces... lookin at me. Ma voice wis shaky an dead quiet but ah went fur it onyway.

'As I was slowly passing, an orphans' home one day
I stopped there for a moment, just to watch the children play
Alone a boy was standing, and when I asked him why
He turned with eyes that could not see and he began to cry

I'm nobody's child. I'm nobody's child.
I'm like a flower, just growing wild.
No mummy's kisses and no daddy's smiles
Nobody wants me, I'm nobody's child.'

Ah startit singin the second verse but ah didnae get tae the end o it cos hauf the audience wur greetin. That startit me aff so ah hud tae sit doon. Whit a red neck. We hud a great night though in the end an the piano man called oot the winner o the competition.

'And the winner of tonight's *Stars in Your Eyes* talent competition is... a young man who almost broke our hearts with his song, *Nobody's Child*... Bobby Muldoon!'

Ah couldnae believe it! Ah've nivver won a single thing in ma life, no even a raffle prize. The place went wild an ah gote an envelope wi two shillins in it. Ah wis ower the moon.

The nixt mornin we wur at the train station tae go hame an Tommy bought a *Rothesay Advertiser*. He wis jumpin up an doon wi excitement.

'Look at this you two! Yer in the paper! Yer famous!'

There we wur... Jeannie an me... smilin, oan the front page.... an above oor picture it said:

'Finger Saved by Woolly Glove'

It wis a rubbish headline but we bought six copies o the paper tae take hame.

Ah hud the best time ever in Rothesay an ah didnae want tae go hame. Efter spendin two weeks wi really happy folk, ah didnae want tae go back tae aw the misery in ma hoose. Oan the train ah jist sat an stared oot the windae. Jeannie understood an held ma haund. She knew whit ah wis feelin.

7 | Man or Moose?

When ah gote back fae Rothesay ah noticed Faither wis lookin mair miserable than he wis when ah left. Ah kept askin um if he wis awright but he wisnae sayin much back. He said he wis jist tired workin hard at the allotment. Ah spoke tae Jeannie aboot um an she came up wi er best idea yet.

'Bobby, mibbe yer faither needs a chinge? Somethin that makes um feel guid? Ah've hud an idea? Ma Auntie Rena runs a wee drama group an she wis sayin thur lookin fur a jyner tae build thur scenery fur the pantomime at Christmas. Ah think yer faither wid like that. Whit dae ye think?'

'Aye Jeannie. Ees really good at makin stuff.'

'That's whit ah wis thinkin. Should we ask um?'

'You ask um Jeannie. Ees mair likely tae say *aye* if you ask um?'

'Right. Ah will.'

Nixt day Jeannie spoke tae ma faither.

'Mr Muldoon, ma auntie's drama group ur daein a pantomime at Christmas. It's *Jack an The Beanstalk*. Wid ye be interested in makin some scenery fur it? The man that made it last year fur *Cinderella* said he wis a jyner but he wisnae. He wis a taxi driver. He made aw the bits but he didnae join thum up right. When they wur pittin Prince Charmin's castle up wan o the ugly sisters leaned against it an it aw came crashin doon. The lassie playin Cinderella finished up wi three cracked ribs. It wis a disaster. That's how they need someb'dy guid this year. Somebody that's a proper jyner? Somebody like yersel, Mr Muldoon?'

Faither's no very confident an he said he wid think aboot it. Then Maw said he should dae it. That wis a surprise. We thought she wid be pissed aff at um bein oot the hoose a lot but she wis aw fur it.

'Dae it Alec. It'll get ye oot fae under ma feet.'

Faither agreed, Jeannie spoke tae er Auntie Rena an ees been asked tae go tae a meetin wi the man that draws pictures o the scenes. Jeannie says ees called a set designator an ees brilliant. Ah hope Faither gets the joab. It'll cheer um up an gie um a brek fae Maw's naggin.

The following week, Faither came back fae the meetin an he wis grinnin fae ear tae ear. He gote the pantomime joab an ees tae start straight away. When he wis talkin aboot it he wis aw excitit, tellin us that ees gote tae help draw oot aw the scenes an let thum know whit wood an paint an stuff he needs. Ah huvnae seen um smile that much in ages. Ees excitement didnae last long though. Maw did er usual an ruined it. She jist sat there wi er knittin an didnae even look up. Ah felt dead sorry fur Faither at first but then ah gote angry wi um cos he startit tae apologise tae er.

'Ena... yer awfi quiet... ur you awright aboot me takin this joab oan? Ah mean, if ye wid raither ah didnae dae it ah kin tell

thum ah've chinged ma mind? Ah'm sure they kin get some-
body else?'

Ah couldnae keep ma mooth shut.

'Faither, dinnae be stupit. Maw's already said ye should dae
it! Yer a great jyner an thur lucky tae huv ye. Ye've gote tae take
it...'

Maw let rip.

'You kin keep yer neb oot fur a start Bobby Muldoon! This is
between yer faither an me so shut yer trap or ah'll shut it fur ye.'

Ye dinnae argue wi Maw when she raises er voice. Faither
kept apologisin an ah wis gettin mair an mair angry wi um fur
lettin er get away wi it.

'But if ye wid raither ah stayed at hame Ena, then ah will.
Ah'll only take it if yer happy wi it.'

Ah wis near burstin noo. Is this a man or a moose? Maw laid
doon the law... as usual.

'Ye kin take it Alec, but it better no get in the way o yer joabs
aroond the hoose. Ah'm no prepared tae dae everythin when
yer swannin aff every week tae mix wi a crowd o arseholes that
think thur film stars.'

Here he goes again... mair apologies.

'But ah kin still help ye wi the hoose Ena. Ah'll no be oot
that long oan a Tuesday night so ah kin get ma jobs done afore
ah go?'

'As long as ye remember that. Ye kin take it oan a trial an if
the hoose suffers then ye'll huv tae gie it up.'

Gie it up! Over ma deid body. If Faither needs a haund wi
the hoosework then ah'll help um. Anythin tae let um keep the
joab.

Faither startit the scenery joab an, right away, ah saw ah
difference in um. He wis much cheerier an ah even heard um
whistlin while he wis daein the dishes. He husnae whistled fur
a long time. Ah wis happy that he wis enjoyin umsell an he

wid tell me aw aboot the scenery an how he wis makin it. Ees made a giant beanstalk, a wee cottage where Jack an ees maw live, an some huge furniture fur the giant's castle. It's aw bright colours an looks dead real. Whit a clivver faither ah've gote. Ah'm dead proud o um an ah tell um that. He puffs up like a peacock. It's probably the furst time in years onybody's gied um a compliment. Maw takes naethin tae dae wi it as usual. She's no in the least bit interestit but at least she disnae moan when he goes oot every Tuesday night. Ah jist hope that lasts an he makes it tae the week o the pantomime in December.

Ah've only been tae wan pantomime: *Aladdin*. It wis the week afore Christmas. Ah wis aboot twelve an ah wis dead excitit but it wis rubbish. Hauf the actors hud spent the day in the pub an they kept forgettin whit tae say. Every five minutes they jist stood there fur ages wi blank faces. Then thur wis this voice that came fae naewhere shoutin aw the words tae thum. Aladdin wis aboot a hundred years auld an he hud a limp.

Haufway through the first bit the audience wur aw shoutin *Boo! Get aff! Yer shite!* an stuff like that. Thur wisnae even a real magic lamp. They hud paintit an auld china teapot wi gold stuff an when Aladdin wis rubbin it he drapped it, smashin it tae pieces. Course, the Genie wis meant tae appear so that fucked it up. A wee wifie saved the day though. She came runnin on tae help. She mustuv panicked an picked up the first thing she could find cos Aladdin finished up rubbin a tea caddy wi a picture o Santa oan it. It wis a disaster fae start tae finish.

At the end, when the Genie took ees bow, ees false teeth fell oot. They went skitin across the stage an catapulted intae the front row o the audience. An auld geezer picked them up, threw them back ontae the stage and they broke intae three bits. We heard that the Genie wis gumsie fur the rest o the week an naebody could understaund a word he wis sayin. No ideal when ye've paid guid money fur a ticket!

Ah dinnae think they made much that year cos loads o folk asked fur thur money back. The director guy told thum aw tae bugger aff an thur wis a big punch up ootside the hall. Ah jist hope Faither's pantomime is better than that.

8 | Bobby and the Brickies

It's September, an jist when ah hud lost ony hope o the apprentice brickie joab, ah get it! The allotment man came tae see Faither last night an offered it tae me. Course, ah said yes. Ah'm startin nixt week an that's guid cos Jeannie starts er nursin course then tae. Wur oan oor way noo. We kin start really plannin' fur oor future.

Jeannie spent a week gettin ersell sortit fur college so ah wis oot playin fitba' a lot. Then it wis time tae start ma joab. Ah wis dead excitit. Ah wis tae start oan the Monday an meet the workies' van at the Cross at hauf seven. When ah gote there aw the men wur laughin an jokin an ah wis too scared tae speak tae thum so ah stood back tae wait fur the van. It came screechin up an afore ah knew whit hud happened, they hud aw piled in an slammed the back doors shut. Then they drove away, leavin me staundin oan the pavement. Ah wis panic stricken an didnae huv a clue whit tae dae so ah went hame. Maw wis livid.

'Ur you tellin me that ye jist stood there an ye didnae tell thum you wur the new laddie?'

'They wur aw talkin Maw an ah didnae know whit tae say...'

'Jesus, Bobby... whit a start. Yer furst day an ye've cocked it up.'

'Whit ah'm ah gonnae dae Maw.' Ah wis near greetin.

'Well, ah'll huv tae sort it oot, won't ah? Ye really are a stupit wee shite.'

Maw phoned the gaffer, Mr Dickie, an he said no tae worry. He told Maw it wis his fault cos he forgot tae tell the driver aboot me. Then he said she hud tae send me tae the Head Office and ah could work in the jyner's shop for the day an meet the van the nixt mornin. Ah hated it an at the end o the day ah wis oot o it like a bullet oot a gun. Ah made sure ah introduced masell tae the workies the nixt mornin an that wis the start o ma life as a brickie.

When ah went tae the first buildin joab in Shawlands, ah met ma foreman, Danny. He wis an expert brick layer an a funny, happy man that made learnin ma trade a lot o fun. He geid me guid advice fae the start. First thing Danny taught me wis how tae be a tea boy. Ah didnae realise that makin tea could be sae complicatit.

'Right Bobby. You're *the nipper* an yer the maist important person oan the site cos yer in charge o the tea breks. Furst ye go roond an ask aw the men whit food they want fae the shops. Then ye come back an get the water boilin fur the tea. Here's where ye huv tae get yer timin right. Fill up aw the tea cans... and dinnae forget... ye dae that a couple o minutes afore ye shout *Tea up!* at the tap o yer voice. Then, and only then, dae ye fill up the site agent's tea pot wi the boilin water. That's so it takes longer tae cool doon an the men get another five minutes extra tea brek while ees pot's coolin. If ye make sure that the men's cans are ayeways filled up and waitin fur them when they come in fur thur tea, ye'll get *can money* when they get paid oan a Friday night. If ye dae it right yer can money kin add up tae nearly hauf as much as yer wages.'

Ah worked hard an gote really guid at gettin aw the timin right. Danny wis pleased wi me. At the tea breks ah wid try tae sit nixt tae um cos he hud great stories tae tell. The men called um *have trowel will travel* cos ees built bricks haufway roond the world. Ah loved the stories an Danny made it sound sae guid ah wis awfi glad ah decidit tae be a brickie. He wis a great teacher. He loaned me an auld brick trowel tae work wi an he taught me how tae pick the mortar up the right way an how tae cut a brick wi a brick hammer.

Thur wis wan day ah wis tryin tae cut bricks an ah made a shit joab o it. Ah gote that frustratit ah slammed the hammer doon hard. It wis meant tae land oan the brick but ma thumb gote in the way an it finished up black an blue an looked like a giant plum stickin oot ma haund. It wis agony. Danny bandaged me up an, instead o callin me a stupit prick, he helped me tae understaund whit brick layin is really aboot.

'Listen son... bricklayin is a *gift o the haunds*. Ye either huv it or ye huvnae. It's no like a bit o timber that ye kin knock aboot till it's in position. Wi bricklayin, ye have tae build yer corners right. If yer corners ur wrang then yer walls ur gonnae be wrang. Ye cannae hit yer wall wi a hammer tae make it plumb cos aw the bricks'll sink and go *oot o true*.'

The last thing ah wantit wis *sinkin* bricks so, fae that day, ah wis careful an ah stuck like glue tae Danny. As well as learnin ma trade oan site, ah hud tae go tae the buildin college wan week every month an that wisnae great. It reminded me o school but ah managed tae pick up the learnin quite quick an ah liked the practical work we did, buildin wee walls wi sand lime mortar.

Efter a few weeks ah hud tae go intae Glesga an get ma ain bag o bricklayin tools. Ah wis dead excitit. The gaffer, Mr

Dickie, hud an account in the tool shop so ah didnae huv tae pay. The money wis tae be taken aff ma wages every week till they wur paid fur.

Ah gote ma wage packet every Friday an it wis jist under three pounds a week. Ma can money startit buildin up tae an ah couldnae stoap coontin it. Ah wis floatin oan air.

Noo ah'm a workin man ah kin start savin an marry Jeannie. Fae the day ah met er ah've felt as if ah kin take oan the world. Ah'm definitely totally in love wi this lassie an though she husnae said it… ah kin feel it… she is totally in love wi me. Wur gonnae huv a guid life. She's workin hard at er college an ah'm gettin oan guid wi ma brickie work. We couldnae be happier.

Ah'm no seein as much o Jeannie as ah wid like cos she's at hame, studyin. She's gote er furst college exam at the end o November. Ah suggest she comes tae ma bit tae study an that means ah'll see er mair often. The problem is, ah nivver did ony studyin when ah wis at school so ah'm no sure how it works. She comes roond an wur sittin in ma room.

'Ah'm no sure ah kin help ye study Jeannie. Whit dae ah dae?'

'It's easy Bobby. Ma exam is oan the human skeleton so aw ye huv tae dae is sit there an point tae the bones oan yer body an ah'll tell ye whit thur names ur. Okay?'

'Is that aw? Ah dinnae huv tae say onythin then?'

'Nope. That's it. Right. Start!'

Ah start wi ma collar bone an right away Jeannie says 'That's yer collar bone'. This is easy peasy. Ah point tae ma ribs.

'That's yer rib cage an thurs 12 pairs o ribs there. Nixt.'

Ah point tae ma foot.

'Right Bobby… This is easy tae… ye've gote 26 bones in yer foot. Thur's three main bits. Ye've gote a *forefoot* an that's made up o *phalanges*, or toes, an then thur's five long bones called *metatarsals*. Then ye've gote…'

Ah'm lost noo…

'Aw Jeannie. Ye sound as if ye've swallied a diction'ry. Ah've no gote a clue whit yer talkin aboot.'

'Whit's yer problem Bobby? Ah'm jist gein ye the names o the bones in yer foot.'

'Aye, but how come thur no jist called *feet bones*?'

'They need tae huv names Bobby.'

'Who decidit they need tae huv names?'

'Och Bobby, ah don't know, dae ah? It wis some foreign geezer hunners o years ago.'

'Whit wis ees name?'

'Eh? How dae ah know?'

'Ah bet he wisnae foreign. Ah bet he wis fae Glesga.'

'Noo yer bein stupit.'

'How is it stupit? How dae ye know he wisnae fae Cumnock?'

Jeannie sighs. She's gettin crabbit.

'The names ur aw foreign, so he wis foreign.'

'So, who decidit oan the name *feet* then? That's no foreign. That's a Glesga word.'

'Right Bobby. Ah've hud enough o this. Yer no helpin. Ah kin study better at hame.'

She starts packin er books intae er bag so ah say ah'm sorry an persuade er tae stay. Fur the rest o the night ah help er… withoot bein stupit. She gets it aw done an she's happy. Ah quite fancy daein studyin. Ah think ah'd be guid at it. At the school wan o ma teachers said ah wis a *bright lad*. Then ah overheard um tellin anither teacher whit a waster ah wis. Bloody liar.

Efter Jeannie's exam's over we sit in ma room at night an talk aboot oor work. She tells me that when she's a proper nurse she'll huv tae deal wi deid folk. Ah cannae help thinkin she's a bit young tae be daein that but she says she's lookin forward tae it. Weird.

She wis speakin tae a pal o hers, Irene, an she telt er aboot er first death oan the ward. The nurse in charge took er behind the screens tae teach er how tae *dress* the body an get it ready fur the relatives tae see it. It wis an auld geezer an the poor lassie wis freakin oot.

Jeannie wis aboot tae gie me aw the details o the story but ah hud tae stoap er. It wis makin me feel sick. Ah chinge the subject an start talkin aboot ma joab but, compared tae deid bodies, ah cannae make a brick sound excitin so ah chinge the subject again… tae Christmas. It's only a few weeks away an Faither says ees strugglin wi the pantomime scenery. Ees gonnae huv tae work lots o nights tae get finished in time fur the show. Jeannie an me offer tae go along an help. It disnae matter that we'll only be sweepin up sawdust an makin tea.

The first night we went thur wis loads o folk there. It wis dead excitin. While Faither wis measurin an sawin an paintin the actor folk wur practisin thur lines an wanderin aboot in fancy costumes. Ah think they wur short o lassies in the group cos they hud tae get a man tae play the part o the dame.

At wan rehearsal, the wee laddie that wis daein the part o Jack didnae turn up. The director asked me if ah could read the lines oot the book fur um. Ah wis ayeways a guid reader at the school so ah sat in the circle wi the actors an when it came tae ma turn ah jist read the lines oot. Aw the actors wir goin mental sayin ah wis brilliant an ah should take up actin as a real joab. Ah couldnae see whit aw the fuss wis aboot. Ye jist act natural, read oot the lines, an there ye go. Then the director spoke tae me at the end o the night an said ah should go fur a part nixt year. Ah near fell through the flair. Me? Playin a part in a show in front o loads o folk! Jeannie wis beside ersell.

'Bobby, that's magic! Ye should go fur it. Ye'd be great at actin!'

Ah think ah might jist try fur a part if ah get the chance. If the Director says ah'll be guid at it surely that means somethin? He even said ah sounded dead confident. Ah'm no sure that's true. Ah've spent ma life wishin ah wis better than ah am so ah cannae see me turnin confident noo.

At the rehearsal ah watch ma faither workin away. Ees happier than ah've ever seen um. Ah wish he wis that happy at hame. Maw's naggin seems tae be gettin worse an ees startin tae answer er back, somethin ah've nivver heard um dae afore. Ah'm no sure if it's ma imagination but somethin's no right between thum. Ah think ees fed up wi er bein bad tempered aw the time.

Ah speak tae Jeannie an she says she's noticed it tae.

'Bobby, women o yer Maw's age go through somethin called the *the chinge o life* an ah think that might be why she's like she is.'

'*The chinge o life*? Whit's wan o them?'

'It's *hormones* Bobby. Women huv different hormones tae men an at a certain age thur hormones chinge an they get weird symptoms… ah've studied it oan ma course.'

'So, dae the hormonials make thum aw moody an bad tempered?'

'It's 'hormones', Bobby… an aye… they get red in the face an aw sweaty.'

'That's dead weird Jeannie. Ah'm glad ah'm no a wumman.'

'Ye'll huv tae be patient wi yer Maw till it passes.'

'Ah'm mair worried aboot ma faither Jeannie. Ees the one that gettin it aw the time an ah kin see ees dead unhappy.'

'Ah'm sure yer faither's awright. Ah widnae worry Bobby.'

'Thur's somethin else though…'

'Whit?'

'Huv ye noticed when wur at the pantomime rehearsals, he gets awfi *twittery* when ees speakin tae Maisie Fitzpatrick, the costume wumman?'

'Whit dae ye mean *twittery*?'

'Well, he sits wi er at every tea brek an ees like a stupit wee laddie… up close tae er, laughin an chirpin like a budgie.'

'Och Bobby, that's yer imagination workin overtime. Ees probably jist bein friendly.'

'Naw, it's mair than that, Jeannie. Naeb'dy knows ma faither like ah know um… ah think he fancies er an she definitely fancies him cos she keeps touchin ees knee.'

'Dinnae let onybody hear ye say that Bobby. That's how rumours start an ye cannae be sure thur's onythin goin oan.'

'D'ye know what though? See if thur is… ah widnae blame ma faither. Maw makes um miserable.'

'Naw, ye've gote this aw wrang, Bobby. Him an yer maw huv been married fur years. Yer faither widnae go wi somebody else.'

'Ah'm no sure aboot that. It widnae surprise me. Maisie Fitzpatrick is a guid lookin wumman. She's the exact opposite o ma maw. Blonde an skinny. Ony man wid be interestit in er.'

'Mibbe so, but she's married wi weans Bobby.'

'No sure that makes ony difference. Faither's married wi a wean… me… an it disnae seem tae be stoappin um.'

Jeannie convinces me ah'm no seein straight so ah push it aside an finish sweepin up the sawdust. Ah'm no happy tae leave it though so ah keep a close eye oan ma faither an Maisie.

The following Tuesday night, everybody wis workin hard, gettin the scenery ready fur the dress rehearsal. Ah wis makin tea fur the actors when Jeannie came intae the kitchen an she looked like a ghost.

'Jeannie… ur you awright? Yer awfi pale… whit's happened?'

'Fuck, Bobby… ah'm no sure how tae tell ye this…' She wis shakin fae heid tae toe.

'Whit is it Jeannie. Jist tell me. Did somebody dae somethin tae hurt ye…'

'Naw, it's no that. It's yer faither Bobby...'

'Whit aboot um... is he awright?'

'Well... ah wis emptyin the bin at the back door an... an...'

'Jeannie... jist tell me!'

'Yer faither an Maisie Fitzpatrick wur ootside... an they wur... in a clinch...'

'A clinch? Whit's a clinch?'

'They hud thur airms wrapped roond wan anither.'

Ah cannae believe this. 'Ur you serious?'

'Aye Bobby. Dead serious.'

'Ma faither? Wi ees airms roond Maisie Fitzpatrick? Did they see ye?'

'Ah dinnae thinks so... ah dived back in quick. Whit ur we gonnae dae?'

'Ah huvnae gote a clue, Jeannie. See... it wisnae aw in ma imagination. Ah knew it.'

'Ah think yer right, Bobby. Ah find it hard tae believe Maisie's like that though. She disnae seem the type tae steal anither wumman's man.'

Ah'm gettin sick o aw this. Here's anither disaster an ah've nae idea whit tae dae. Ah kin nivver find quick answers tae problems so ah jist pretend they dinnae exist. Mind you, this is no jist a wee problem. This is a humungous wan!

9 | Faither Bites Back

Ah spend the nixt week losin sleep cos ah dinnae know whether tae talk tae ma faither or tell ma maw. Either way, thur's gonnae be a whole load o trouble. An aw cos ma faither cannae keep ees haunds tae umsell.

Fir the nixt few weeks ah kept ma eye oan Maisie. Everywhere Faither went, she wis at ees heels. Ah hud been lookin forward tae helpin when the show week startit but noo ah wis spendin every night dodgin er. Ah didnae want tae come face tae face wi the wumman that wis gonnae ruin ma life. Ah kept hopin that efter the pantomime they widnae see each ither again an ah widnae huv tae deal wi it. Oan the last night ah couldnae wait fur the show tae end. Then, me an faither could go hame tae Maw an everythin wid be back tae normal. Nae chance.

Ah wis helpin tidy up the dressin room when she walked in…. cool as ye like, actin as if naethin hud happened.

'Hiya Bobby. Ur ye goin tae the after show party?'

'Naw… ah'll be goin straight hame … wi ma faither.'

'Oh... that's funny... ah've jist been talkin tae um an ees definitely goin. You an Jeannie should come Bobby. It's ayeways great fun?'

So, ma faither hus it aw worked oot. He'll be wi her aw night, they'll be aw ower each ither an ah'll huv tae sit an watch thum. Ah cannae bear the thought o that.

Ah go tae find Faither. Ah'm aboot tae talk tae um aboot the party but Jeannie stoaps me.

'Bobby... mibbe ye should leave it till anither time? Look at ees face? Ees beamin.'

Faither's in the middle o a big crowd o folk an they're aw clappin an cheerin an tellin um whit a great joab he did wi the scenery.

'Dinnae spoil it fur um, Bobby. Ees worked dead hard fur months.'

Nixt thing, faither comes ower tae us.

'C'mon you two... grab yer stuff. Wur goin tae a party!' Ah wis panickin.

'Faither... should we no jist get hame? Maw'll huv a hairy fit if wur late gettin in.'

'Naw... it's okay Bobby. Ah telt er we'd be a bit later an she wis okay wi it.'

Ah kin tell when somebody's lyin through thur teeth. Thur's nae way he telt Maw he wid be oot hauf the night wi ees *new wumman*. This is a disaster. Noo ah huv tae go tae a party an watch ma faither make a total fool o umsell. Then, when we get hame, Maw's gonnae explode an ah'll huv tae peel er aff the ceilin.

The party wis in the pantomime director's big fancy hoose an it wis heavin. The music wis blarin an everybody wis dancin an drinkin as if the end o the world wis comin. Ah watched Faither like a hawk aw night. He wis gettin drunk an huvin a guid time but he nivver went near Maisie. Mibbe ah hud this aw wrang. Mibbe naethin wis goin oan efter aw. By midnight, folk wur pissed as farts, winchin each ither an disappearin intae bedrooms. Ah've nae idea whit the inside o a brothel looks like but this wis probably close. Then faither decidit tae call it a night.

'Ready tae go Bobby? Let's walk Jeannie back an get hame. It's really late.'

We walked back an faither wis slobberin wi the drink but he wis happy as Larry. Tae be honest he wis happier than ah've ever seen um, sayin he hud enjoyed every minute o the scenery joab an he hoped they wid ask um again nixt year.

We saw Jeannie safe tae er hoose an when we gote tae oor door Faither grabbed ma airm an looked straight at me.

'Bobby… thur's somethin ah want tae say tae ye, son…'

Before he could say anither word, the door burst open an Maw wis staundin there wi a face like thunder.

'Where the hell huv ye been! It's efter midnight! Get yer arses in here.'

Faither staggered intae the livin room an collapsed ontae the couch. Maw sat in the chair opposite um, ready tae let um huv it. He beat er tae it.

'Before ye say onythin, Ena… ah want tae tell ye how ah feel aboot stuff.'

'Whit *stuff* ? Whit ur ye slaverin aboot, ya drunken sod?'

'Well… fur a start, dinnae shout at me. Ah've jist spent months workin ma fingers tae the bone buildin scenery an, dae ye know somethin, Ena? Ah've loved every minute. Ah spent time wi nice, happy folk that appreciated me. Noo… at least let me feel guid aboot that. Bobby agrees wi me, don't ye son?'

'You leave Bobby oot o this! Ah dinnae gie a stuff how good ye feel. Jist hear this, Alec Muldoon. Thur's nae chance ye'll be daein it again if yer gonnae stagger hame pissed at midnight an slobber a load o crap!'

'Thur nice people Ena. Really nice people.'

'Nice people? Huh! Thur a crowd o numpties an a bad influence oan ye.'

Faither sits up straight an tries ees best tae focus. Ees no findin it easy. Then he bites back at Maw for the first time in ees life.

'Ah've only gote wan thing tae say tae ye Ena. Ah've hud enough o bein treated like a wee wean… an… while ah'm at it… see this wee laddie here? Ees the best thing since sliced breed an ye dae nuthin but nag um. Ah'm tellin ye…we've baith hud enough! Things ur gonnae huv tae chinge aroond here!'

Maw's jist staundin wi er mooth hingin open. Faither gets up an staggers tae the door.

'Noo, ah've said ma piece an ah'm goin tae ma bed.'

Wi that, he disappears doonstairs intae the bedroom. Ah'm stunned an Maw looks as if she's gonnae collapse in a heap. Ah'm no sure whit tae say so ah offer tae make er a cup o tea. She jist looks at me wi a weird look oan er face. Then, she turns away an goes intae the kitchen an shuts the door. Ah wait, expectin er tae lose the heid an start er usual ravin. It disnae happen. The place is silent. Aw ah kin hear is the clock tickin. Suddenly, ah feel totally washed oot. Whit a night.

Noo, ah need tae sleep. Lyin in ma bed ah think aboot everythin that jist happened. A big part o me feels sorry fur Maw but ah'm dead proud o ma faither fur stickin up fur umsell at last. Everythin that he said tae Maw is makin sense. Faither hus warned Maw that she hus tae chinge. He knows thur's nae chance o that happenin so that leaves um free tae go wi Maisie. Ah start tae panic. Ah cannae think o life withoot faither. Ees ma best pal an ah cannae bear the thought o um leavin me. If he does ah'll huv tae stay an look efter Maw an that wid ruin aw ma plans wi Jeannie. Ah pull the covers ower ma heid an pray ah kin get tae sleep. Mibbe things will be better when ah wake up the morra.

Nixt day ye could cut the air wi a knife. Maw wis in the huff an faither wis hung ower wi the drink. Ah stayed oot the way an went fur a walk wi Jeannie. She couldnae believe it when ah telt er whit hud happened.

'Ah cannae believe it Jeannie. He wis like somebody had charged um up fae the back an he didnae stoap till he ran oot o battery.

'Mibbe it wis jist aw the drink made um speak oot? Mibbe it'll be awright Bobby, once he sobers up?'

'Naw Jeannie. It's that bitch Maisie. She's tae blame, She's been workin oan faither fur ages ah bet. Ah hate er.'

'But he wisnae wi er at the party? If thur wis somethin goin oan, they wid huv been thegither? Mibbe this is aw in yer imagination? Ah wid leave it an see how it turns oot.'

'Naw Jeannie. Ah've decidit ah'm gonnae speak tae um an find oot whit's really goin oan.'

'Well, good luck wi that.'

Ah could tell Jeannie thought ah wis wrang but ah didnae care. This wis ma life that wis at stake an ah hud tae fix it.

At teatime the nixt night thur wis nae talkin at the table. It wis weird. Aw ah could hear wis the scrapin o knives an forks oan the plates. Maw usually moans er way through er dinner but she jist ate it withoot sayin a word. Faither tried tae get er tae talk but she wisnae huvin it. Then she gote up fae the table an spoke tae me.

'Tell yer faither ah'm goin tae the Bingo.'

This is stupit. Faither's right nixt tae er an she's askin me tae pass oan a message. Ah dae it onyway.

'Faither… Maw says tae tell ye she's goin tae the Bingo.'

Faither is actin weird. He smiles. 'Tell yer maw that's fine.'

'Maw, faither says tae tell ye that's fine.'

Maw looks confused. Faither disnae usually play this game.

'Tell um ah'll be back at nine.'

'Faither, Maw says tae tell ye she'll be back at nine.'

'Tell er ah'll see er when ah see er.'

'Maw, Faither says...

Maw's face is purple noo. She explodes. 'Right! Enough o this! Ah'm away. Ye kin clear the table an dae the dishes while ah'm oot. Dae ye hear me?'

Faither jist sits an sips ees tea, actin as if he disnae gie a toss.

'Ah dae the dishes every night Ena, so whit's the difference?'

At that, Maw storms oot, slammin the door near aff its hinges. Noo it's me that's confused. Somethin hus happened tae ma faither. He jist isnae umsell an ah need tae find oot whit's goin oan in ees heid. He starts clearin the dishes an ah follow um intae the kitchen. Here goes.

'Can ah talk tae ye a minute Faither?'

'Aye son. Whit's oan yer mind?'

Best tae jist blurt it oot.

'Ah'm a bit worried aboot ye. Ur ye really unhappy?'

'Whit? Dinnae be daft son. Ah'm no unhappy.'

'Ah hate it when you an Maw ur no speakin.'

'Look son, ah think ah said too much last night. Ah let ma drunken tongue run away wi me. Stoap worryin. Ah'll huv a word wi yer maw when she gets back. She'll be in the huff fur a while but she'll come oot o it in er ain time. Ah thought ye wid be yased tae it by noo, Bobby. Yer maw hus a huff at least once a week. She'll be wantin some DIY done an that'll get er speakin again. Trust me.'

'Ah suppose.'

'Jist you concentrate oan yer joab an Jeannie. The pair o ye huv a nice life ahead. Make that the maist important thing Bobby. Yer Maw an me ur awright.'

'Ah jist worry aboot ye Faither.'

'Nae need Son. Yer Maw will come roond. It's er birthday

oan Saturday. Let's concentrate oan makin it a nice day fur er. Okay?'

'Okay.'

Oan Saturday Maw wis still in the huff. She wis dry as a stick wi me an no sayin much tae ma faither. He tried ees best tae make er birthday nice fur er. He cooked a chicken dinner an bought er a cake wi candles. He even wrapped up a nice scarf as a present an bought a bunch o flooers. Naethin worked. She kept up the huff aw the way through the dinner so the day wis ruined. Faither could see ah wis miserable so he suggestit ah asked Jeannie ower tae keep me company.

'Bobby, ye kin see things ur no great between yer Maw an me. Ah'm sorry it's turnin oot a rubbish day fur ye. Why don't ye bring Jeannie roond an ye kin play yer music in yer room an spend time thegither?'

'Right Faither. Ah'll jist check wi Maw tae make sure it's ok?'

'Nae need Bobby. *Ah'm* sayin it's ok. That's aw ye need.'

Whit's happenin here? Faither's no usually the wan that makes the decisions in oor hoose. Maw does that. Noo, it's as if he disnae huv tae get er permission fur onythin.

Ah go fur Jeannie an she brings Maw a wee bottle o perfume fur er birthday. Ah tell er aboot the rubbish day ah've hud.

'Ah've hud a terrible knot in ma stomach Jeannie. Ah really thought ma faither wis gonnae walk oot oan us but ah spoke tae um an he says things ur awright wi him an Maw.'

'That's guid then. Ur ye feelin happier noo ye've spoke tae um?'

'Aye. Ah should huv known Faither widnae let me doon. Ah think everythin's gonnae be awright efter aw Jeannie.'

We hud a nice night thegither an we did whit we ayeways dae… talked aboot oor future thegither.

10 | The Ghosts o' Christmas Past

The night efter Maw's birthday ma faither came intae ma room.

'Ur ye goin tae Jeannie's later Bobby?' He looked fed up tae the teeth.

'We wur goin tae the pictures but, if ye want, ah kin stay in an keep ye company Faither?'

'No, no. You go Bobby. What time ur ye leavin?'

Faither nivver asks aw these questions. Whit's happenin here?

'Ah'll be goin fur Jeannie at hauf six.'

'That's fine. Enjoy the pictures son.' An wi that he turned an went oot the room.

Ah've nae idea whit happened while ah wis at the pictures but it must huv been somethin big... really big... cos, fur the nixt week, Maw didnae nag, moan or complain. She wis different. Ah wis dyin tae know whit Faither hud said tae er that night but it's no the kind o thing a wee laddie asks aboot. That's grown up business. Onyway, whatever it wis, it worked cos the hoose is dead quiet an Faither's much happier.

Ah think ah take efter ma Maw in this... ah'm really nosey. Ah cannae staund it if thur's somethin goin oan an naebody tells me whit it is. So, ah try tae get Faither tae spill.

'Faither, it's dead peaceful in the hoose the noo, eh?'

He jist keeps readin ees paper.

'It is that son.'

Damn. Ah need mair that that.

'Maw seems tae be in a guid mood tae?'

'Aye. She's in a very guid mood.'

Still nae further forward.

'Ah wunder whit's made er sae happy?'

'Nae idea.'

Ah'm like a dug wi a bone noo.

'See, this mornin ah broke wan o the guid china cups. Ah expectit a scud roond the ear but she jist brushed it up an said no tae worry an it wis jist a wee accident? That's weird, eh?'

He pits doon the paper, looks at me... an smiles.

'Well, aw ah kin say Bobby is... enjoy the peace an quiet cos ah'm no sure how long it's gonnae last. It's guid the noo though so we need tae keep it goin. Ah've been thinkin... yer Maw needs a bit o female company. She spends aw er time wi us an nivver goes oot wi ony friends.'

Ah wis tempted tae say that she hud nae friends tae go oot wi an it wis er ain fault cos she's fell oot wi thum aw. Ah didnae say it. Safer tae keep quiet.

Faither's hud an idea.

'Ah'm gonnae invite some folk tae the hoose an that'll mibbe cheer er up.'

'Whit folk ur ye thinkin o Faither?'

'No sure yet Bobby but ah'll think o somebody. It's nearly Christmas an that's the time folk get thegither so leave it wi me. Ah'll sort somethin oot.'

Ah'm really lookin forward tae Christmas noo. Faither

husnae left us fur Maisie, Maw's still keepin er gob shut an ah've gote Jeannie. We even huv a real Christmas tree. Faither came hame wi it last night an he brought coloured lights an chocolate Santas fur it.

Oan Christmas Day ah huv ma dinner wi Maw an Faither same as every year. Faither cooks the turkey an Maw makes the Christmas puddin wi money in it. Last year ah ate three bowls o it an didnae get a scoobie. This year ah hud three sixpences in wan helpin. Ah think Maw did it oan purpose. She's still in a guid mood an we sat at the table an talked aboot the New Year comin in.

Nineteen seventy is gonnae be me an Jeannie's year. Ah kin feel it. Jeannie's passed er first lot o exams an ah'm daein well at the brickwork. Ah've been dead worried aboot ma faither an Maisie Fitzpatrick but noo that's cleared up ah kin get back tae normal.

Efter dinner, Maw suggests we ask Jeannie roond tae watch telly. She says thur's a guid film oan called *A Christmas Carol* aboot a dead mean geezer called Scrooge.

Jeannie comes roond an the four o us watch the film, an eat Christmas cake. Then the shit hits the fan. This time it hud naethin tae dae wi me or Faither. Or so ah thought.

Thur's a knock oan the door. Ah answer it an whose staundin there but ma three fat-arsed aunties, Maw's sisters, Avril, Madge an May. Auntie Avril's hauf-blind an thick as shit in the neck o a bottle, Auntie Madge is no even oan the planet and Auntie May is a sarcastic cow.

Nae idea whit thur here fur cos we huvnae seen hide nor hair o thum since last year. Maw wis in hospital an in they came, takin over, cleanin an movin aw the stuff aroond in the kitchen cupboards. Ah suppose they wur jist tryin tae help but ye dinnae muck aboot wi ither folk's stuff unless they ask ye. An, if ye value yer life, ye dinnae interfere wi Maw's labelled

Tupperwares. By the time they wur finished everythin wis in a different place. Faither loast it wi thum an chucked thum oot. Tae be honest, ah didnae think they wur ever comin back. They must be efter somethin.

Ah let thum intae the livin room an Maw's face is a picture. She makes it quite clear thur no welcome. Ah kin see the *auld Maw* comin back... she's gote a face like fizz. She disnae even ask thum tae sit doon, she jist leaves thum staundin. Then she starts. The crabbit voice is back noo tae.

'Whit ur you three daein here?'

Avril an Madge dinnae say a word but Auntie May does er usual an bites back at Maw. They've done it tae each ither fur years.

'We've come tae wish ye a Merry Christmas, Ena. Nae need tae be rude.'

'Well', says Maw, 'ye've said it. Noo, if ye dinnae mind, wur watchin a film.'

She turns back tae the telly, opens a box o chocolates an stuffs three in er mooth at once. Unbelievable. Jeannie an me jist sit there, cringin. Faither takes ower.

'Come an sit doon an ah'll make ye some tea.' Maw draws um a dirty look. Aye, the *auld Maw* is definitely oan the way back.

'Thanks,' says Auntie May. 'Glad somebody in here hus some manners.'

The three o thum squeeze thur fat arses ontae the settee an when ah look at thum it reminds me o that song: The wan aboot the three craws sittin oan a wa'.

The night goes fae bad tae worse an the stoogies sit an talk aboot everybody's business. Gatherin the Gorbals gossip is a favourite hobby o theirs. Maist folk collect stamps or Toby jugs... they go roond collectin folk's private business then they share it roond aw thur nosey pals. Auntie Avril pipes up.

'How huv ye been Alec?'

'Fine, Avril. Jist fine.'

'Ah heard ye did a great joab o the pantomime scenery?'

'Aye, ah did awright. Ah enjoyed daein it.'

'Aye. So we heard.'

Then Auntie May nebs in. 'Aye, we heard ye gote oan well wi aw the folk there tae.'

Why ah'm ah startin tae feel that this is goin where it shouldnae be goin. Ma stomach starts churnin an Jeannie feels it tae an takes ma haund.

Faither jist chats away, quite the thing. Maw sits fumin.

'Ah did get oan wi the folk. Thur aw nice. Ah'm hopin they ask me again nixt year.'

Maw hus been totally ignorin thum up tae noo but, hearin that, she flinches an moves aroond in er chair. This could get nasty. Auntie May is back in the ring.

'Aye, ah'm friends wi some o the costume folk. Nice folk Alec, eh?'

Naw! No way is this happenin! Is Auntie May aboot cause an almighty row wi er big trap? Naw... ah'm no huvin it... so ah chip in.

'Auntie May, ur ye still servin the school dinners?'

It's as if ah huvnae spoke. She totally ignores me an turns tae er partner in crime, Madge Motormooth.

'You've heard o that Maisie Fitzpatrick wumman, huvn't ye, Madge?'

'A certainly huv,' chirps Auntie Madge, 'She's a bit of a girl, so they say! She's been aroond the block a few times let me tell ye.'

Maw turns the telly up. It's blarin, but it disnae droon thum oot cos they jist start shoutin at each ither.

'Aye!' shouts Auntie May. 'That's whit ah've heard tae! Did *you* hear that Alec, when ye wur workin *close* tae er every Tuesday night?'

Faither sees er gie Auntie Madge a nudge an that finishes um. He gets up oot ees chair an shouts tae Maw.

'Ena, kin ye turn the telly doon please!'

Maw snaps the telly aff completely an sits wi er airms folded. She's fumin' noo.

'Right!' says faither, 'If the three o ye think yer gonnae come here jist tae sit an gossip aboot folk, then ye kin think again. Ah'm no huvin it. Maisie Fitzpatrick is a very nice wumman an ah wid prefer it if ye didnae make oot she's onythin different. Ah gote oan really well wi er.'

Auntie Avril murmurs under er breath. 'Ah bet ye did.'

Faither ignores the sarky comment.

'In fact ah'm goin oot fur a pint wi Maisie's man at New Year. Ye widnae want me tae tell um whit yer sayin aboot ees missus noo... would ye?'

Ah've nivver seen a room empty sae quick.

'C'mon you two,' says Madge. 'Ah kin tell when wur no welcome.'

Two minutes later, the Aunties ur gone, like a flash.

Faither turns the telly back oan an sits doon beside me oan the settee.

'Right. Let's watch the end o the film.'

A wee while later, he turns an whispers in ma ear.

'See that idea ah hud aboot me invitin folk... tae cheer yer Maw up...?'

Ah whisper back. 'Aye... did you ...?'

'Aye. Backfired eh?'

Maw clocks us whisperin.

'Whit's goin oan wi you pair?'

'Naethin Maw. Faither wis jist sayin thanks fur the Christmas socks ah bought um.'

Faither winks at me an we watch the end o the film where Scrooge turns fae nasty tae nice. Ah cannae help thinkin that he's a wee bit like ma maw...

11 | The Geezer oan The Green

We get through the New Year celebrations an thur's nae mair drama. Efter the visit fae *the Ghosts o Christmas Past* Maw's back tae keepin er tongue in er heid. Ye kin tell it's no easy fur er. Ye kin see ur takin a big deep breath afore she speaks. It's painful tae watch. Ah've gote tae gie it tae er though; she's tryin an it's aw quiet in the hoose.

Valentine's Day comes aroond an Jeannie an me go intae Glesga tae buy each ither presents. Jeannie gets a nice frock an a lipstick an ah get a bran new pair o fitba' boots. Ah cannae wait tae try thum oot. We buy cards fur each ither tae. Last year, Jeannie wrote a poem in mine so ah wrote wan back this year. Ah hud nae idea how tae write poetry an everythin ah tried sounded stupit. Ah knew it hud tae rhyme so ah managed two lines then ah ran oot o ideas an energy.

At the Barraland we met that night... an noo we're as happy as pigs in shite.

Jeannie loved it ... ah think?

In March, oan ma birthday, ah hud a birthday tea as usual but this year thur wis nae sign o the hame-knitted jumper fae Maw. Instead she bought me fitba' socks tae go wi ma new boots. She's really tryin tae be nice.

Archie ayeways comes tae ma birthday tea. Ees been a guid pal tae ma faither fur years an ees been guid tae me an aw, gein me advice when ah need it. This year he brought Betty, ees wife an her an Maw gote oan like a hoose oan fire. Betty knits fur aw the jumble sales an she asked Maw tae join er knittin group. That wis it. They jist talked knittin patterns aw night while Archie an Faither gote pished oan a bottle o whisky. Jeannie an me spent the night in ma room playin records.

So, noo that ah'm seventeen, ah huv tae start seriously plannin fur oor future. Every week when ah get ma wages, ah pit money aside fur me an Jeannie. Ah've jist gote a wee money tin the noo but ah'm gonnae need a bigger yin soon cos it's nearly fu'. Ah'll jist keep savin up an when we find a hoose then ah'll be able tae pay the rent nae bother. Ah'm happy. Faither's happy tae. Ees busy plannin the plant boxes fur the balcony. He makes thum every year, once the frost goes, an they ayeways look really guid. He plants the seeds in March an by July thur burstin wi flooers. Faither's ayeways hud green fingers.

Jeannie's workin hard at er college. She's been telt thur might be a place fur er at Stobhill Hospital as a trainee nurse when she finishes in June. She needs tae dae three years there then, if she wants, she kin study a special kind o nursin. Ah think she wid be guid workin wi auld folk. She's hud plenty practice wi er Granny Isabel cos she totally loast it in the end.

A month ago, Jeannie's grandad woke up at three in the mornin an er granny wisnae in the bed. He wis panic stricken an called the polis. They found er wanderin roond the streets in er dressin goon an noo she's in an auld folks hame.

We visit er a lot but sometimes she disnae even know us. The last time we went, ah wis Winston Churchill. Whit a way tae end yer days. Sittin in a big leather chair singin *The White Cliffs o Dover* an pickin the bogies oot yer nose. Naw... it's no nice tae watch.

Ah'm still workin wi Danny an the brickies an we move aroond fae site tae site. Ah enjoy it an ah'm feelin guid cos ah'm no *the nipper* ony mair. They've taen oan a wee apprentice called Johnnie an he makes ma tea fur me. Danny says ees gonnae turn me intae a furst class brickie if it kills um an ah believe he will. Ah've built some dodgy corners an hud a few disasters but he says it's aw part o learnin the trade.

When the weather wis freezin ah missed playin fitba' in the park. Noo, ah kin get back oot an ah'm at Glesga Green every Saturday. It's no the same though. Ah miss ma pals. Tommy's still doon in London workin an Eckie gote caught up in some kinda drugs bust at Vivienne's hoose an thur baith in Barlinnie fur the nixt nine months. Stupit eejits. When ah heard that ah couldnae help thinkin back tae the night ah went tae Vivienne's. Ah brought ma wee notebook hame an hid it in a drawer. Then an ah studied it every night fur weeks. Ah think ah know whit tae dae noo but it disnae stoap me sweatin at the thought o it.

The dreaded day came. The first o July. Ah'll no forget that date in a hurry. Maw went tae help at Betty's jumble sale, Faither wis at the allotment an Jeannie an me wur curled up oan the settee, listenin tae the radio. It wis dead cosy an the new Beatles song *Let it Be* wis playin.

We wur baith feelin really happy cos Jeannie passed aw er college exams an gote a place at Stobhill hospital. Ah wis dead proud o er an she wis really excitit. We wur baith oan tap o the world.

Jeannie snuggled right up tae me.

'Bobby... thur's somethin ah need tae tell ye.'

'Whit is it Jeannie?'

'Ah love ye.'

That wis the furst time she said that. Ah looked at er an ah hud this big rush o warm feelins. Somethin ah've nivver hud afore. Ah kissed er.

'An ah love you Jeannie.'

Nixt thing, we wur in ma bedroom... *daein it*! Jist as ma Vivienne notebook telt me tae *dae it*. We baith fumbled aboot a bit but we gote tae the end o it. Trouble is, we didnae huv a *French Letter* so efter it we wur baith prayin Jeannie wisnae huvin a wean. That's no in oor plans till 1974.

We've been oan edge since that efternoon but noo, a month hus passed, an it's awright. Jeannie's no expectin. We need tae be careful though. Wur gonnae be experimentin whenever we get the chance so ah need tae go tae the chemist. Wait till ye see... wi ma luck we'll get a dodgy packet. At tea brek once ah heard the brickie's laughin aboot the factory workers that make the French Letters. Thur's somethin called *The Friday French Letter Surprise*. That's where, at the very end o thur shift, they open the last packet aff the conveyor belt and cut the ends aff aw the rubbers. Ah'm gonnae huv tae try thum aw oan when ah get thum... or mibbe fill thum up wi water... jist tae make sure thur's nae holes in thum.

Ah'm back playin fitba' an ah've startit tae think aboot how ah kin get intae Glencairn Juniors. Jeannie suggests ah go an speak tae er cousin, Rab. Ee's been playin wi thum fur ages an he kin mibbe gie me some advice. Ees away ees holidays till nixt week so ah'll huv tae wait till he gets back but ah'm determined tae see if he kin help me get in. Ah've been watchin as much fitba' as ah can oan the telly an me an Jeannie huv been back tae see Glencairn play at Southcroft Park tae.

When ah watch the players oan the field ah really cannae see that thur's onythin special in whit thur daein. Thur jist runnin fast an keepin oot the way o the ither team, dodgin an dribblin doon the pitch an then kickin the ba' intae the net. Whit's hard aboot that?

Fur the last three weeks ah've been goin tae Glesga Green tae watch the junior school matches. They play there every Saturday mornin an ah watch carefully an listen tae whit thur coach is yellin at thum. Then in the efternoon aw the local laddies come fur a game an ah'm gettin really guid at tactics. Ah kin run faster than thum aw an ah'm the best dribbler, the best at headers an the best goal scorer.

Lately though, ah've been gettin worried. Thur's been a weird, big geezer staundin at the side o the pitch, watchin us playin. Ah tell ma faither aboot um.

'Whit dae ye mean ees *watchin* ye Bobby? Ees mibbe jist a fitba' fan an likes tae see wee laddies huvin a kick aroond the park?'

'But what if ees no faither? What if ees wan o they men that picks up wee laddies an does bad things tae thum?'

'Naw, Bobby. Yer daein it again... lettin yer imagination run away wi ye. Whit does this *weird geezer*, as you call, um look like?'

'Ees dead tall an he wears wan o they big, long coats an a black hat wi a brim. He looks dead posh.'

'Ok. Whit ah'll dae is... nixt time yer aw playin ah'll come an huv a look. If ees there, ah'll find oot whit ees up tae? Does that make ye feel better?'

'Aye faither. That's guid. Ah jist dinnae like the look o um an ah cannae concentrate on ma fitba' when ees watchin us.'

'Right. Forget it the noo. Let's walk tae the chippie. Yer Maw fancies a fish supper.'

12 | Bobby's Big Break

The big, weird geezer didnae come back tae The Green. Ah kin concentrate again an ah jist keep playin fiba' every chance ah get. It's guid practice fur ma trial wi The Glens. Ok, ah huvnae spoke tae Rab yet but ah'm bein positive. Somebody said if yer positive then guid stuff is mair likely tae happen tae ye.

Rab comes back ees holidays an Jeannie says ah've tae go an see um. At ees hoose, ah'm near greetin when he speaks tae me.

'Before Tommy went tae London Bobby, he telt me ye wur a magic wee player. Ah hud a word wi the Glen's scout an he said he wis gonnae try an get a wee look at ye playin. Did he come tae watch ye oan The Green?' Ah start shakin wi excitement.

'Does he wear a long coat an a black hat Rab?'

'Aye, that sounds like him. So he made it then?'

'Aye. He made it.'

'Well, that's guid eh? The Green is the place he goes tae spot new talent. Noo we jist huv tae keep oor fingers crossed an hope he gets back tae ye.'

Wait till ma faither hears whit Rab said. Ah run hame as fast as ma chicken legs kin cairry me. Ah'm tryin tae tell faither aboot the geezer but ah'm twitterin like a budgie.

'Woah! Slow doon Bobby! Whit's happened? Ah cannae tell whit yer sayin son?'

'The weird geezer... the wan that's been watchin us... Faither ... Rab thinks it wis The Glencairn fitba' scout!'

'Right. Well then... let's see whit happens eh? Bobby... dinnae build yer hopes up too much son. It's no easy gettin intae a fitba' team an ah'd hate ye tae get let doon wi this? Jist stay calm an wait eh?'

Ah waited fur a week fur news an when it came ah wis shakin like a leaf. It wis happenin! The Glen's coach hud agreed tae gie me a trial! Rab wis asked tae bring me tae a trainin session oan the following Tuesday night.

When we wur walkin tae Southcroft ah couldnae ask um enough questions. Ah wis like a jelly wi excitement. He talked me through whit happens at the trainin an ah understood every word. Everythin he talked aboot, ah knew aboot. Ah hud spent weeks practisin it aw. Ah felt ready tae prove masell.

At the trial ah thought ah did really well. Ah did everythin ah wis asked tae dae. Ah couldnae believe ah wis actually oan the pitch at Southcroft Park, playin wi The Glens. Okay... it wis jist a bounce match but tae me it wis the best day o ma life. Durin the match ah ran aw the ither players oot the park. Nae matter whit they tried, they couldnae get the ba'.

Ah wis determined tae show thum whit ah could dae so ah wis dodgin thum, dribblin doon the pitch an scorin... goal, efter goal, efter goal. They didnae know whit hud hit thum.

At the end o the game, aw the laddies wur sayin how guid a wee player ah wis. Wan o thum even said a wis like a *wee streak o lightnin*. That should huv made me feel guid but it didnae. Ah wis crippled wi disappointment. The coach hud stood watchin me, takin notes in a wee black book an ah thought he wid speak tae me at the end, but he didnae. He jist disappeared.

Rab walked hame wi me.

'Fur fuck's sake Bobby! Ye really showed thum whit ye kin dae oan a fitba' pitch! How dae ye dae it! They didnae staund a chance oot there.'

Ah couldnae smile.

'The coach didnae say a word tae me at the end, Rab. Ah must huv been rubbish.'

'Naw, Bobby. Ye wur stupendous! Cheer up. It's no unusual fur the coach tae make a quick exit at the end o a trial. Ees a busy man. Ye played brilliant so jist wait noo till ye hear somethin.'

Rab tried ees best tae make me feel better but ah wis convinced the coach didnae rate me. Aw ma life ah've struggled tae be confident an this hus totally ruined ony chance o that happenin. Ah hud wan chance tae make somethin o masell an ah ruined it. Ah dinnae believe Rab. Ah must huv been rubbish or the coach would huv spoke tae me. Ah cannae see me gettin ower this... ever.

It takes me three days tae start feelin guid again. Ah stoap playin fitba' an ah sit in ma room a lot. Jeannie an Faither sit wi me an talk aboot ma disappointment an they say ah need tae keep tryin. They say if ah want tae play fur The Glens ah jist need tae keep believin in masell. Thur right. Ah'm no a quitter. Ah've made loads o plans an they've aw worked oot so far... ah've gote a joab, Maw's a chinged wumman, Faither hus confidence in me an ma girlfriend loves me. Whit mair could ah want?

Ah tried tae concentrate oan bein positive an forget the trial but it wis hard. Then Jeannie telt me it wis er birthday oan the Friday an ah felt dead selfish. Ah've been that busy thinkin aboot masell an fitba' again that ah've no been payin er ony attention. Ah make a decision tae gie Jeannie the best birthday ever.

Oan the day o er birthday we huv a party fur er an ah cannae believe it when Maw invites Jeannie's faimily tae the hoose. That's the furst time she's invitit onybody. Ina brings wee Sadie, Jeannie's Maw an Da come, Grandad Jimmy comes efter ees visited Granny Isabel an Archie an Betty ur there tae. We huvnae seen much o thum cos thur gettin ready tae emigrate tae Australia. Betty's sister lives there an she shows us pictures o er hoose. It's huge an she's gote a barbeque an a swimmin pool in the back gairden. How guid wid that be… sausage oan rolls ony time ye fancy thum an a swimmin pool aw tae yersell. Big difference fae the Gorbals baths wi a million screechin weans an nae room tae dae yer breast stroke. Once ah get married an huv weans ah might move there. Think ah'll speak tae Jeannie aboot it. Archie's worried though. He cannae take Skippy wi um. Skippy's ees wee three legged dug an ees a cute wee thing. Ah cannae believe ma ears when ah hear whit Maw hus tae say.

'Archie, dinnae worry aboot wee Skippy. Alec an I kin take um fur ye. Whit dae ye think Alec?'

Faither's gobsmacked! 'Aye… nae bother wi that Ena… we kin huv um…'

Archie is ower the moon an ah cannae wait! Jeannie an me kin take um fur ees walks. Everybody is gettin oan like a hoose oan fire. This is turnin oot tae be a great day. Maw's been bakin an, fur once, the cakes look the way thur meant tae look. We light the candles oan the birthday cake an sing *Happy Birthday* tae Jeannie. Then er Da shouts 'Speech, Speech!'

Ah notice Jeannie is awfi flushed in the face an she looks jittery. She staunds up tae speak.

'Thanks fur ma cake an presents everybody. Noo, ah've gote somethin tae tell ye aw. Bobby… ah think ye should sit doon.'

Aw naw! She's expectin a wean an she's gonnae tell the room fu o folk. Naw! This is ma very worst nightmare… and it's aw ma fault. When ah bought the French Letters ah forgote tae try thum oan. We must huv yased a *Friday surprise*! Ma legs turn tae jelly an ah collapse intae the chair. Ah look at Jeannie an she's even mair jittery noo. Ah haud ma breath an wait.

'Bobby…' Suddenly, she bursts intae tears. This is a disaster. Ah go over tae comfort er an er da gets up an speaks.

'Whit Jeannie's tryin tae say Bobby is… yer rich! Ah let er pick the teams oan the fiba' coupon this week an they came up! Ah promised if that happened ah wid go haufs wi er. Yer minted son! Ten grand between us!'

The room goes berserk! Everybody's huggin us an congratulatin us. Even Maw's goin roond kissin everybody! Faither pours oot the drinks an Maw brings oot er big tray o cakes. We huv a toast. Five grand! Wur gonnae need a tin the size o a dustbin fur aw that!

Everybody's laughin an chattin an enjoyin thumsells. Ah go tae the lavvie an when ah come oot thur's no a sound in the hoose. It's aw gone silent. When ah go intae the livin room who's there but Tommy an Rab. Tommy's hame fae London fur Jeannie's birthday an Rab hus come tae celebrate wi us. Staundin nixt tae thum ur three men… an ah cannae believe ma eyes. Wan o thum's the geezer fae The Green! Whit the fuck is he daein in ma hoose? Rab starts introducing thum as The Glen's Management team but ah'm that excited ah dinnae even hear thur names! Aw ah kin see is a Glen's fitba strip. Ma legs turn tae jelly an ah huv tae sit doon. They speak tae me but ah cannae concentrate cos ah cannae take ma eyes aff the black an white strip. Is this what ah think it is?

'How wid ye like tae wear this Bobby? We've been watchin ye closely fur a while noo. Yer a bloody guid wee fitba' player son. In fact, efter yer trial, coach here called ye a *wee tornado* an says ye've gote the potential tae make a fantastic career in fitba.'

Ah feel as if ah'm gonnae faint. 'Ur ye serious?'

'We certainly are young man.' They aw shake ma haund. 'Congratulations, an welcome tae the team!'

Before ah kin say anither word, Jeannie jumps up, screams at the tap o er voice an flings ersell at me. The room goes crazy again, ah'm numb wi shock.

Ah did it! Me! Robert James Muldoon... wi ma bright red hair an legs like a chicken... ah did it! Ah've fought ma way through aw the disasters an ah've managed tae come oot the ither end. Ah gie Jeannie a big hug. Wur on oor way noo. The hoose an the three weans ur no jist a dream ony mair. Ah know ah'll huv tae work dead hard fur a couple o years wi *The Glens* but one thing fur sure is... ah'm no quittin there. Ah'm headin fur Hampden Park an thur's gonnae be twinty thousand in the crowd, cheerin fur me. That's ma nixt action plan an nuthin's gonnae stoap me.

Ah look ower at ma faither. Ees brimmin wi pride an thur's tears in ees eyes. No only that, him an Maw ur sittin dead close an he reaches oot, takes er haund an squeezes it. Maw squeezes his haund back. Ah've gote a feelin everythin's gonnae be guid fae here.

Maw comes ower tae me an ah cannae believe it when she gies me a big hug. Then she tells me she's proud o me. The best bit though is when she looks straight at me... an smiles. That means mair tae me than five grand an fitba'.